監修者――佐藤次高／木村靖二／岸本美緒

[カバー表写真]
夏の禹王による治水の伝説を描いた巨大な玉の彫刻
（北京・故宮博物院蔵「大禹治水図玉山」）

[カバー裏写真]
背に鳥を乗せた双尾の虎
（江西省新干大洋洲出土）

[扉写真]
殷墟侯家荘1001号大墓

世界史リブレット95

中国王朝の起源を探る

Takeuchi Yasuhiro
竹内康浩

目次

中国古代史についての認識

中国の歴史について語るとき、しばしば「中国四〇〇〇年」という表現が用いられる。この「中国四〇〇〇年」は、中国の歴史や文化がもつ奥深さを、「四〇〇〇年」というはっきりしながらもどこか曖昧でミステリアスなイメージとして、商品の広告によく使われて一般になじんでいる。四〇〇〇年であるならば、紀元前二〇〇〇年ころからが中国の歴史の時代だと認識していることになろう。一方で、中国については、例えば「北京原人」▲なる原人の存在についても広く知られていると思われる。それが約三〇万年前だとまでは知らなくても、四〇〇〇年どころではないはるか古代の人間であったことは知られていよう。つまり、たとえ何十万年前に原人がいようと、そこからただちに人間の

▼**北京原人**　北京の南西五四キロの周口店で一九二〇年代に発見された原人化石群。年代はおよそ五〇〜二〇万年前と推定される。石器を多用し、火を使用したと思われる。化石そのものは日中戦争のさなかに失われ、現在も行方不明である。

歴史が始まるのではなくて、やはりさまざまな条件が積み重ねられ環境が整ってからこそが、今につながる歴史の時代であるというのが常識的な考え方だ、ということであろう。人びとがなにを考え、どのように行動していたか、そのことをうかがう材料がある程度残っていることで、現在にもつうじるなにかを感じ取ることができる、というのであろう。

とはいえ、そもそも「中国四〇〇〇年」の「四〇〇〇年」という数字がどこからでてきたのかがわからない。学界においてこういういい方をしてきたわけでは決してないし、所詮は広告上のイメージにすぎなかったのであろうから、これまでは「四〇〇〇年」という数字に学問的な意味はなく、とくにこうした表現にこだわりをもつ必要もなかった。

ところが最近、この「中国四〇〇〇年」に一つの学問的な根拠ができてしまった。中華人民共和国で、著名な学者が多数参加しておこなわれた、古代王朝の年代を確定するプロジェクトの報告が出され、夏《か》王朝が実在することはもとより、紀元前二〇七〇年ころに建てられたとする結論が公にされたのである（三〇頁参照）。現在から遡ってまさしく四〇〇〇年という数字が導き出され、

▼**司馬遷**（前一四五?／前一三五?〜前八六頃）　前漢時代の人。太史令の職にあって暦の制定などに従事。父の遺志を継いで歴史書『史記』編纂に打ち込む。途中、匈奴戦の敗将李陵を弁護した件で武帝の怒りをかって死刑をいいわたされるも、生き延びるため宮刑の屈辱にたえる道を選び、苦心のすえ、『史記』を完成させた。

途切れることなく現在まで続いてきた歴史の流れがここに認められて、「中国四〇〇〇年」という表現は学問的な根拠をえたようにみえる。

　中国の古代史については、前漢時代に司馬遷《しばせん》▲が著した『史記』▲という書物がまとまった知識を与えてくれる。『史記』は、その冒頭に五帝本紀《ほんぎ》▲をおいて、黄帝《こうてい》・顓頊《せんぎょく》・帝嚳《ていこく》・堯《ぎょう》・舜《しゅん》という五人の伝説の帝王たちについて述べている。そこには天地創造の話もなく、人間は自明の如くに存在し、集団をつくって生活し、ときには争ってもいる。そして、「国」なのかどうかははっきりしないながら、君主を上にいただく体制が、あたかもそれ以外の体制などありえないかのように繰り返し形成されている。つまり、それらの話は君主政が当たり前の時代になってから創作された話であろう、とは容易に推測できる。黄帝以前の話や、帝王たちについてのさらに多くのエピソードも存在したようではあるが、司馬遷はそれらは信頼できないとして退け、結果、最古の中国についての一つのスタンダードとして五帝本紀が残され、現代まで伝えられることとなった。

　『史記』ではその後に、三つの王朝の興亡を記した部分をおく。すなわち、

▼『史記』　黄帝から前漢の武帝期末年までを対象として中国の通史を叙述した書物。全一三〇巻。司馬遷の手になり、前九一年ころの成立とされる。書かれる内容や目的によって、本紀・表・書・世家・列伝という形式を使い分け、いわゆる紀伝体という歴史叙述のスタイルを創めた。なお、司馬遷の父の司馬談の手になる部分も一割ほどはあるとされる。

▼五帝本紀　本紀は帝王について叙述するための形式で、五帝本紀は『史記』巻頭におかれている。黄帝・顓頊・帝嚳・堯・舜の五人による王位継承は、親から子へ王位を伝える世襲ではなく、有徳者から有徳者へと王位を伝える禅譲をおこなったとされる。とくに堯と舜は、歴代、名君の代名詞として言及されることが多い。もちろん、五人とも実在の人物ではない。

夏王朝についての夏本紀、殷《いん》王朝についての殷本紀、周《しゅう》王朝についての周本紀、である。各本紀は、それぞれの王朝の祖先とされる人物の不思議な生誕についての話に始まって失徳の王による滅亡に終わり、中間の代々の王の名を列挙するという同じパターンを踏む。王朝を始めた王と滅ぼすにいたった王についての話が異様に詳しいという、各本紀のアンバランスな構成は、名前だけが残っている数多くの王たちについての実在性を疑わしめるに十分であり、王朝史としては不完全のそしりはまぬがれまい。すでに春秋時代▲の孔子▲の段階で、夏や殷についてその情報不足は指摘されているとおりである(『論語』八佾《はちいつ》)▲。しかしながら、『史記』の記述は史実であると長らく信じられてきたのであり、とりわけ「三代」と称されるこの三つの王朝は、聖王賢臣のおさめたよき時代として記憶され、それがまさに王朝であるがゆえに、清朝にいたるまで、後世の王朝から模範としてあおがれてきたのであった(五帝の時代は王朝ではない)。つまり、夏・殷・周という三つの連続した王朝が存在したという歴史認識が、二〇〇〇年以上にわたって中国では常識であったのだ。この「三代」については、二十世紀に入ってからのめざましい考古学の発展によって、情報が豊富に

▼春秋時代　中国古代、基本的には魯国(現在の山東省)の年代記である『春秋』に記載されている時代を指すが、実際にはその前後も含め、平王が洛陽で即位した「周の東遷」の前七七〇年に始まり、晋が三国に分裂した前四五三年もしくはその三国が周王に公認された前四〇三年をもって終わりとする。

▼孔子(前五五一?〜前四七九)　中国古代の思想家。儒教の開祖とされる。魯の出身で、故国に仕えたが政治改革に失敗し、多くの弟子をつれて諸国を放浪した。晩年に故郷へもどり、教育活動に力を入れた。世に主張は入れられず、息子や愛弟子が早逝するなど生前は不遇であった。死後は、「至聖」として伝統中国ではおおいに尊崇された。

なりつつある。そして、実在が疑問視されてきた夏王朝についてはついに年代までもが確定されたというのが、さきにふれたプロジェクトの結論なのである。

しかし、『史記』が記す上述のような「歴史」が、確かな史実であったかといえば、当然、疑問があるといわねばならない。なにより、上古以来、中国を統一的かつ正統的に支配する(日本風にいえば)「天下人」の存在が想定されているところに、もう後世の中国史のあり方が強く投影されていることが明白なのである。後述のように、各地に独自の文化が多数花開いていたというのが考古学からはむしろ明らかな事実であって、「中心と周縁」という見方すら適当とはいえない。夏・殷・周の「三代」も、それらが各時代や文化の「中心」であったと断定してよいものか、もっと慎重であってよかろう。現在みることができる文字資料では、たまたまそれらが優勢にみえているにすぎないのかもしれないからである。

現在、当の中国は、古代史については、『史記』に代表される古い文献にもとづいて構成された歴史を、考古学の最新成果によって検証しつつある、というスタンスであるようにみえる。そうした試みは、全体の枠組みを古文献から

▼**『論語』八佾**　「子曰く、夏の礼は吾れ能く之を言えども、杞は徴とするに足らざるなり。殷の礼は吾れ能く之を言えども、宋は徴とするに足らざるなり。文献足らざるが故なり。足らば則ち吾れ能く之を徴せん。」とある。現在の子孫の国(杞・宋)から祖先の国(夏・殷)の礼を知るには、残されている記録は少なすぎて証拠にならない、という意味である。

採用し、細部を新発見で埋めようとすることになりがちだが、例えば全体の枠組みそのものを新発見にもとづいて問い直す必要はないだろうか。そもそも絶え間ない新発見によって歴史像はつねに書き換えられ、課題はむしろ増加しつつあるのではないか。

疑問は疑問として残し、しかし、人びとの積み上げていったものを受け止めてその意味を考える、本書はそういうスタンスで中国古代史を考えていきたい。

①—中国古代文明の発生と展開

中国における文明の形成

近年、ますます発展が著しい中国考古学の成果を詳しく説明しようとすることは、おもに二つの理由でここでは差し控えたい。一つは、遺跡の数が大変に多く、分量的な無理があるということ。考古学関係の専門書が示している豊富な情報に委ねることとしたい。もう一つは、今後新発見があると結局すぐに記述が塗り替えられ、古くなってしまうこと。あとでふれる殷周時代についても、ほんの五〜六年前とは違う認識が求められている。

しかし、最新であったり詳細であったりすることは断念するにしても、「ある時期に人びとはどういう状況にあったか」という点についての、現在もちうる知識を示して、文化の形成の道筋をたどっておくことは、意味があることと思う。そこで、以下、注目すべき発見を例にとり、新石器時代における状況を紹介しておきたい。

九頁の表は、本書があつかう時代について、年代と地域とを指標として該当する文化をはめ込んだものである。中国が、燕山以北、黄河上流域、同中流域、同下流域、長江上流域、同中流域、同下流域、の七つの地域に区分され、各地域で独自の文化が発生していたことがよくわかる。従来よく言及される黄河と長江という大河の流域のみならず、燕山以北つまり万里の長城のさらに北側の地域（だいたい現在の遼寧省《りょうねい》にあたる）までもが、独自の文化を展開したものとして区分に入り、中国古代文化の広がりはまことに大きい。各地域ごとに年代に従って記されているのは、遺跡の名をとった文化の呼称であるが、数百年から千数百年ほどの期間で、数多くの文化がそれぞれの地域に興っていたことがよくわかる。本書が対象とする西周時代までていえば、七つの地域の複数にまたがって栄えた文化は、前二〇〇〇年ころまでは少なく、各地域に独自の文化が展開していた傾向を読み取ることができよう。つまり、新石器時代をとおしてみてみると、広い地域にまたがって影響力をもつ文化はまだ誕生していなかった、とみなすべきである。

こうした地方ごとの独自性に鑑み、最近の研究では、中国にいくつかの区域（区系）を設定して文化の発展をみようとする傾向がある。右は一つの例であり、

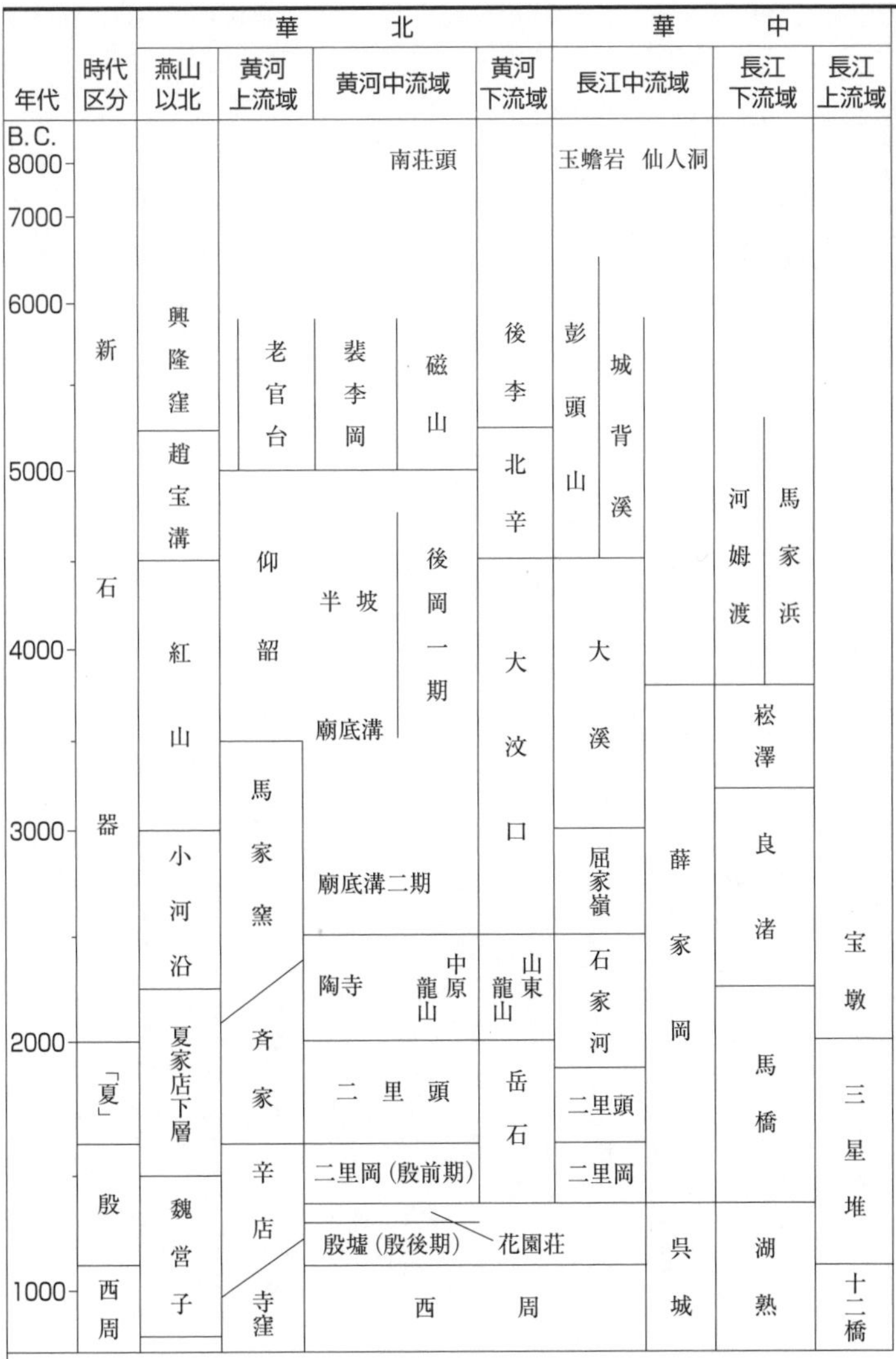

●新石器～殷周時代の文化（松丸道雄ほか編『世界歴史大系　中国史一』三三頁、図六を一部改変）

それ以外では例えば、戦前から活躍した中国考古学界の重鎮である蘇《そ》秉琦《へいき》▲は、①燕山南北および長城地帯を重心とする北方、②山東を中心とする東方、③関中(陝西《せんせい》)・晋南《しんなん》・豫西《よせい》を中心とする中原、④環太湖を中心とする東南部、⑤環洞庭湖および四川盆地を中心とする西南部、⑥鄱陽湖《はようこ》―珠江《しゅこう》デルタの一線を中軸とする南方、という六大区系説を提唱している(蘇秉琦『新探中国文明の起源』言叢社、二〇〇四年、原著『中国文明起源新探』)。黄河と長江の上流域と中流域がここでは一つとされ、またさきの表にはなかった珠江デルタが入っており、この区分では南方方面が重視されているようにみえる。また、土器についての研究では、新石器時代の文化系統を、遼河流域を中心とする東北系統、黄河流域を中心とする華北系統、長江中下流域と黄河下流の山東地区を中心とする東南系統の三大系統に分類する、厳文明《げんぶんめい》▲の説がある。

地域の区分の大小は、各研究者が明らかにしようとする目的によっても決まるから、上記の諸説のどれが正しいとかいうことには意味がない。注目すべきは、どの説も文化区を黄河や長江の両大河の流域だけに限定することなく、その北方と南方を含めて独自の文化を認めていることである。厳文明の説のよう

▼**蘇秉琦**(一九〇九～九七)　中国の考古学者。陝西省宝鶏(ほうけい)闘鶏台をはじめとする重要な発掘に戦前から数多く参加し、中華人民共和国成立後には中国科学院(現在の中国社会科学院)において重職を歴任した。実際の発掘だけではなく、中国考古学の理論の提唱においても重要な役割をはたした。

▼**厳文明**(一九三二～　)　中国の考古学者。北京大学考古文博学院教授。北京大学考古学科を卒業し、多くの重要な発掘に参加。新石器時代の考古学の研究で多くの業績をあげている。近年は中国文明の起源や発展にかんして精力的に研究を続け、重要な提言を発表している。

に、長江中下流域と黄河下流とを一つの区とする考え方もあり、黄河と長江についても相互に独立して無関係とみなすことも適切ではない。中国における文明の発生と展開は、二つの大河に代表される黄河文明と長江文明に集約されるものでは決してないのである。こうした地域ごとの文化の豊富さからすれば、中国は初めから一つであったのではないことはもとより、将来的展開について多くの可能性を秘めたものであったことも察せられる。

それでは、以下に、新石器時代における特徴的な文化を紹介して、「ある時期に人びとはどういう状況にあったか」「どういうことをめざしていたか」という点についての現在知りうる情報を確認しよう。代表的な遺跡とその注意すべきポイントを掲げるかたちで述べていきたい。中国における新石器時代は、土器の存在を指標として、およそ前一万年から始まるとされるが、早期とされる初めの三〇〇〇年ほどのことは、目下のところ材料に乏しく、よくわからない。ここでは、前七〇〇〇年ころから前二〇〇〇年ころまでの約五〇〇〇年間を、前期・中期・後期の三つに分けて、述べていきたい。

新石器時代前期の状況

前七〇〇〇年ころから前五〇〇〇年ころまでを、新石器時代前期とみなすと、この時期に属する遺跡から穀物に関係する遺物が多く発見されていることが注目に値する。湖南省彭頭山《ほうとうざん》遺跡▲から出土した陶土中には、大量の稲殻《いねがら》・稲籾《いねもみ》がまじっていた。河北省磁山《じざん》遺跡▲では、アワの貯蔵の痕跡が認められた貯蔵穴が発見されており、貯蔵量は五万トン以上にものぼった可能性も指摘されている。すでに安定した穀物の収穫がえられていて、生活の安定がはかられていたとみられる。しかも、貯蔵穴は住居址から離れており、おそらくは個人や家ではなく、居住する集団で管理されていたと解されている。さらに、ここにあてはまる遺跡としては、河南省の裴李崗《はいりこう》遺跡▲がある。日常の基本となる食物を、アワや稲のような穀物という作物に依存するかたちは、早くもこのときには完全に成り立っているのである。

このころすでに土器は実用器として着実に進化しており、煮炊き用の土器、貯蔵用の土器、盛り付け用の土器など、用途に従った種類が成立している。これもまた、基本となる食料である穀物の調理と食事のさいの必要に応じた使い

▼彭頭山遺跡　湖南省澧(れい)県にある新石器時代の遺跡で、前六〇〇〇年ころに相当する。住居跡や墓葬などが発掘され、豊富な種類の石器が見つかっている。土器の胎土に稲籾が多く混入していることから、稲作の起源・発展の解明にかかわって注目されたが、見つかったイネが自然種か栽培種かについてはまだ不明である。

▼磁山遺跡　河北省武安県にある新石器時代の遺跡で、前六一〇〇〜前五〇〇〇年ころとみられる。一九七〇年代に発掘が進み、多くの土器や石器・骨器などが発見された。土器はまだ粗雑なつくりだが器種は豊富であり、石器では鎌などの農耕具が多い。骨器は鏃(やじり)や銛(もり)などの狩猟漁労具に用いられている。

▼裴李崗遺跡　河南省新鄭市にある新石器時代の遺跡で、前六二〇〇〜前五五〇〇年ころとみられる。墓地の遺跡で、環濠などは見つかっていない。出土した鉢や盆などの土器、皿や棒・鎌などの石器は、いずれも磁山遺跡出土のものに似ている。

▼賈湖遺跡　河南省舞陽（ぶよう）県北舞渡鎮にある遺跡。前七〇〇〇～前六〇〇〇年ころとみられる。遺跡はだいたい裴李崗文化に属するが、独自性を認めて賈湖文化が設けられた。数度にわたる調査で多くの住居跡や墓葬、陶窯が発掘された。

裴李崗遺跡出土の石製の磨盤と磨棒

分けの発想ができあがっていたことをよく示している。河南省賈湖《かこ》遺跡▲では陶窯も見つかっており、土器の製作も専門の仕事として洗練されていったかと思われる。

裴李崗遺跡では墓地も発見され、墓に副葬品を入れる習慣が当然のこととして定着していたことがわかる。さらに、副葬品のなかに、アワやキビなどの穀物を粉にするための石製の磨盤と磨棒が見られることに注意せねばならない。食料加工用の専門の道具が存在していることがまず注目される。さらに、石製の農具（鏟《さん》と呼ばれるスコップ）も出土しているが、磨盤と磨棒は、決して農具と一緒に同一墓葬から出土することはない、という現象が注目される。被葬者が生前にたずさわった労働と副葬品とに関係があるものとすると、この現象は、磨盤と磨棒をあつかう労働と、掘り起こしなどの農業労働とは担い手が違っていることを意味し、さらに踏み込むと、ここでは、土を掘り起こすような重労働は男性が担い、女性は穀物の製粉に従事していた、というような性別による労働の分担が成立していたのではないかとみられるのである。性差による分業を推測させる古い例として重要である。但し、こうした現象は、どこでもみ

賈湖遺跡出土の符号の刻まれた亀甲（右側中央よりやや下に見える）

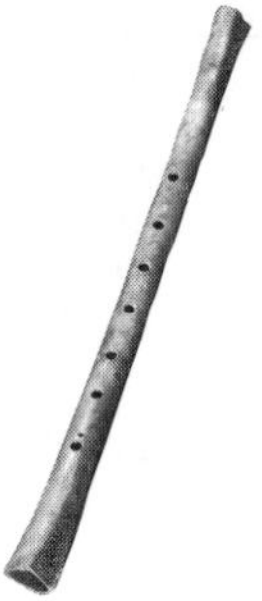
賈湖遺跡出土の笛

▼興隆窪遺跡　内蒙古自治区赤峰（せきほう）市敖漢旗（ごうかんき）宝国吐（ほうこくと）郷にある新石器時代の環濠集落遺跡。おおむね前六二〇〇〜前五四〇〇ころとみられる。一〇〇をこえる住居跡や多数の土器や石器が見つかっており、なかでも目下のところ中国最古の玉器が見つかっているのが注目される。

られるものではない。

賈湖遺跡では、墓葬中から亀甲が見つかり、しかもその表面に符号らしきものが刻まれているのが注目される。さらに符号らしきものが刻まれた石器も見つかっている。いずれもその意味するところは不明ながら、ある意味を込めた記号を駆使する段階に、当時の人は到達していたのであろうか。記号と、記録することという二点のもつ意味は極めて大きいといわねばならない。なお、人骨の頭部に八個の亀甲がおかれた墓葬については、被葬者は占い師ではないかとの推測もある。賈湖遺跡からは鷹の骨（丹頂鶴の骨とするものもある）を材料にした笛が見つかっている。歌口（マウスピース）がみあたらず、鳴らし方はわからない。芸術の起源とみなす説が多いが、たんなるシグナルかもしれないし、犬笛のように動物を呼ぶのに用いたかもしれないので断定はできない。孔が七つもあるので、音楽を演奏した可能性はあろう。「文化的」な遺物である。

なお、内蒙古興隆窪《こうりゅうわ》遺跡▲からは、極めて早い時期の玉器が見つかっており、後世珍重されるようになる玉器文化の萌芽といえよう。また、ここでは人とブタの合葬墓が発見された。被葬者の生前のいとなみの反映なのか、あるいは死

人とブタの合葬墓

者への供え物なのかは不明ながら、埋葬時の処理のあり方として、さまざまなことが考えられるようになっていたことを示す例である。

新石器時代前期には、すでに穀物の栽培をおこない、貯蔵もして、食料の安定的な供給への関心が高まっていたことがわかる。土器の種類もふえ、日常の生活は豊かになり、それを背景に、人間存在への思索も深められていったのであろう。占いや埋葬のさいのいとなみにそれが反映されている。

新石器時代中期の状況

つぎに、新石器時代の中期前半、前五〇〇〇年紀ころ（紀元前四〇〇〇年代）の重要な遺跡を取り上げ、当時の人びとの暮しぶりを紹介しよう。ここでは北と南、華北と華南から、それぞれ例をあげる。

華北におけるこの時期の代表的な遺跡は、陝西省姜寨《きょうさい》遺跡▲である。これはその時期の集落のほぼ全体を発掘したまれな例であり、集落は、現状で幅一〜二メートル、深さ一〜二メートルほどの環濠によって取り囲まれている（かこまれた面積は三・六万平方メートルと推定）。但し、この環濠は集落ができた当

▼**姜寨遺跡**　陝西省西安市臨潼（りんとう）区にある新石器時代の遺跡。東西に長い楕円形の集落を濠が取り囲んでいる。広場を中心としてその周囲に住居跡があり、濠の外に墓地がある。集落内部では住居群が五つに分かれ、また墓葬も複数の群に分かれており、内部になんらかの集団的規制があったことが想像される。

姜寨遺跡の集落遺跡

初から存在したものではなく、集落がふえた段階でつくられたもののようである。遺跡中央は遺構の空白地帯になっており、広場となっていたと考えられる。注目すべきは、住居址がその広場を取り囲むように分布しており、しかもいずれの住居も広場に向かって入り口を設けている、ということである。そのように住居をつくる規制が存在して働いていたのであり、そのようにつくるべき意義をもった役割が広場には課せられていたのであろう。この集落に住む構成員全員の役割や帰属意識の強さをうかがわせる。ここでは住居は、竪穴式と平地式の二形式があり、形状は円形と方形、サイズからは小型・中型・大型の三つに分類できる。また、注目すべきは、住居は無意味に分散しているのではなく、「小型住居—小型住居が数件まとまった群—群が集まった大きなまとまり」というように、あるなんらかの理由によるグループ化がみてとれることである。おそらくは、居住者間相互の関係の反映であり、世帯・家族を単位としていたと想像される。なお、環濠の外側に集団墓地が存在しており、亡くなった者は生者とは切り離しておいたらしい。まとめると、現に生きている構成員を中心とした、諸種の規制の働いていた社会がつくられていたということになろう。

一方、家畜は環濠のなかにかこってあり、これは、当然、外敵から守るための措置である。環濠の存在からは外へ向けての閉鎖性がうかがえる。なお、花粉分析によれば、当時の姜寨の地は、森林草原の植生帯に立地しており、照葉樹林帯に近い環境にあって、現在に比べてはるかに緑が豊かな土地であった。その環境に立脚した暮しを踏まえて成り立っていた文明である。

一方、華南地方、長江中・下流域においては、この前五〇〇〇年紀ころにすでに稲作を重要な生業とする農耕集落が広がっていたことが知られている。遺跡からは、しばしば大量の稲籾資料が出土し、一部の遺跡では水田址も確認されている。例えば、江蘇省草鞋山《そうあいざん》遺跡▲では、不整形のくぼみを連ねたような粗放な水田から、井戸・水溜《みずため》・水路などの簡単な灌漑施設をともなう水田への段階的な移行が認められるという。水田は、連作障害の恐れもなく、その存在は、長期的な定住の生活様式を前提とした農業のあり方として、発展した段階に到達したことを示しているといえよう。

浙江省河姆渡《かぼと》遺跡▲は、この時期の重要な遺跡である。河姆渡文化は、骨器を大量に農具などの生産工具に用いた文化として注目できる。シカや水牛の肩甲

▼**草鞋山遺跡**　江蘇省呉県唯亭鎮にある新石器時代の遺跡。鋸(のこぎり)の痕跡がある木材を用いた建築の跡が見つかり、さらには初期の水田の遺構も発見されていて、初期稲作の様相を知るうえで重要な遺跡である。

▼**河姆渡遺跡**　浙江省余姚(よよう)県河姆渡村にある新石器時代の遺跡。おおむね前五〇〇〇〜前四〇〇〇年ころとみられる。土器や石器のほか玉器や漆器も発見され、さらに動植物の依存体が豊富で、当時の環境復元に有用であった。

▼**大汶口遺跡**　山東省泰安市大汶口にある、黄河下流域の新石器時代中期文化を代表する遺跡。おおむね前四三〇〇〜前二五〇〇年ころとみられる。表面に図画のような紋様が描かれた土器(左図)が出土していることでも注目される。後期には墓の構造や副葬品に差がみられ、階層社会が形成されていたかとも推測される。

骨を材料とした耜《すき》はその典型である。河姆渡遺跡からは大量の稲殻が出土しており、当時水田耕作が充分に発達していたことがうかがえる。ここは場所的には南方の亜熱帯に属していたかと思われ、現在より気温も高く、降水量も多かったようである。そのためであろう、河姆渡遺跡では、木材を使った「高床式」の建築物の跡が見つかっている。発見された木材は、枘《ほぞ》を利用した組み立て部が残っており、組み立て技術を工夫した痕がはっきりと見てとれる。当時の工具にはまだ金属を使用したものはなく、石器のみを用いてこうした工作をおこなったことは驚嘆すべきである。ほかにも、ここから出土した木椀には生《き》漆《うるし》が塗ってあって、目下、中国最古の漆細工である。各種の素材をたくみに加工して利用しており、生活のようすは明らかに「洗練されて」いっている。

この時期、穀物は北と南で違っていて、華北ではアワ、華中以南ではイネを栽培している。穀物以外ではクルミ・モモ・クリを採取し、動物ではブタ・ウシ・水牛・イヌ・ニワトリを利用していたことがわかっている。山東省大汶口《だいぶんこう》遺跡▲からは、全体をブタ形につくった注ぎ口付き器が出土している。家畜などを食用に使うだけでなく、動物の存在とともに成り立っている生活それじたいから生まれた意識の反映であろう。また、装飾具として象牙製の櫛も見つかっているが、たんに髪をくしけずるための実用品であるにとどまらず、紋様を装飾として刻み込んでおり、それじたいが美術工芸品的なつくりになっている。ますます「文明化」している印象である。なお、ここからはいかにもアヴァンギャルドな模様付きの豆《とう》が出土し、おおいに目を引く。

遼寧省牛河梁《ぎゅうがりょう》遺跡▲は、紅山《こうざん》文化▲の遺跡である。農耕が以前より発達していたことが知られ、農具には穂摘み具である石包丁が加わっている。ここでも階層分化がみてとれ、この地域固有の墓葬である積石塚《つみいしづか》▲が出現している。これは、石を積み上げて盛り上げ、その地下に墓壙《ぼこう》を掘って石棺が入れられているものである。副葬品には玉器をともない、おそらくは宗教的な意味が含まれていたと思われる。「玉猪龍《ぎょくちょりゅう》」と称する器は注目してよいであろう。頭はまぎれもなくブタであるが、首から下が龍に見えるこの造形は、神かそれに類するものの姿が具体的な形象として形成されつつあることを示している。牛河梁遺跡で注目されるのは、「女神廟」と呼ばれる祭祀用建造物の発見である。長方形の半地下式の建物で、長さは二二メートル、幅は二〜九メートル、主室と側室があ

▼**牛河梁遺跡**　遼寧省の喀左(かくさ)県・建平県と凌源市の境にある新石器時代、紅山文化後期の遺跡。おおむね前三六三〇〜前三〇五〇年ころとみられる。丘陵の頂上部に大型の祭祀遺構や石棺墓をともなう積石遺構、玉器を副葬する墓群が配置される巨大な遺跡として注目される。

▼**紅山文化**　中国北部、内蒙古自治区から遼寧省、吉林省、河北省に広がる新石器時代の文化で、前四〇〇〇〜前三〇〇〇年ころになる。農業を主とし、ブタやウシなどの家畜も飼い、漁労もおこない、さらに土器や玉器の生産では手工業が高度に発達していたことをうかがわせる。

▼**積石塚**　石を積み上げて構築した墓で、方形と円形の二種類があり、「天は円形、大地は方形」という後世の観念につながるものともみられる。大型墓は深く土坑を掘って副葬品を多数埋めており、小型墓では副葬品はないものの石棺は設けられている。牛河梁遺跡では積石塚と積石祭壇が東西方向に並んで展開していて、それらを合わせて宗教的な施設であったのではないかと想像される。

る(八室といわれる)。細長い土坑に動物や人物像が埋められており、竈《かまど》などの生活施設がなく、女性と思われる顔の部分が出土したことから「女神廟」と呼んでいる。宗教的な行為が社会において重い意味をもち、それにたずさわる人物が高い地位にあって重要な役割をはたすような段階になっていたと考えられる。

紀元前四〇〇〇年ころの遺跡で、大変にめずらしく注目すべきは河南省西水《せいすい》坡《は》遺跡の墓葬である。被葬者の骨の左右に、貝殻を並べて虎と龍と思われるデザインを描いているのである。さらにシカの図像を加えたものもあって、意図ははかりかねるものの、後世の四神▲につながるようなものとして大変に興味深い。人間とともにある、あるいは人間を超越する、宗教的な存在が意識のなかで大きな意味をもち、現実生活のなかでも具体的な働きをもって影響力を発揮しだしたことが、この時代にはみてとれると思う。

新石器時代後期の状況

農耕社会の基盤が確立しつつあった華北や長江流域の諸地域では、地域的社

▼四神　動物を象徴化・神格化したもので、東西南北の四方位に配当し、青龍(東)・朱雀(南)・白虎(西)・玄武(北)という配置になる。四神としてこの組合わせが成立するのはおそらくは漢代以降のことで、南北朝以降に確定したと思われる。

●——河姆渡遺跡出土の耜（上）と漆細工（下）

●——牛河梁遺跡出土の玉猪龍（上）と女神像頭部（下）

●——西水坡遺跡の墓葬（右が虎、左が龍で、いずれも下側が頭）

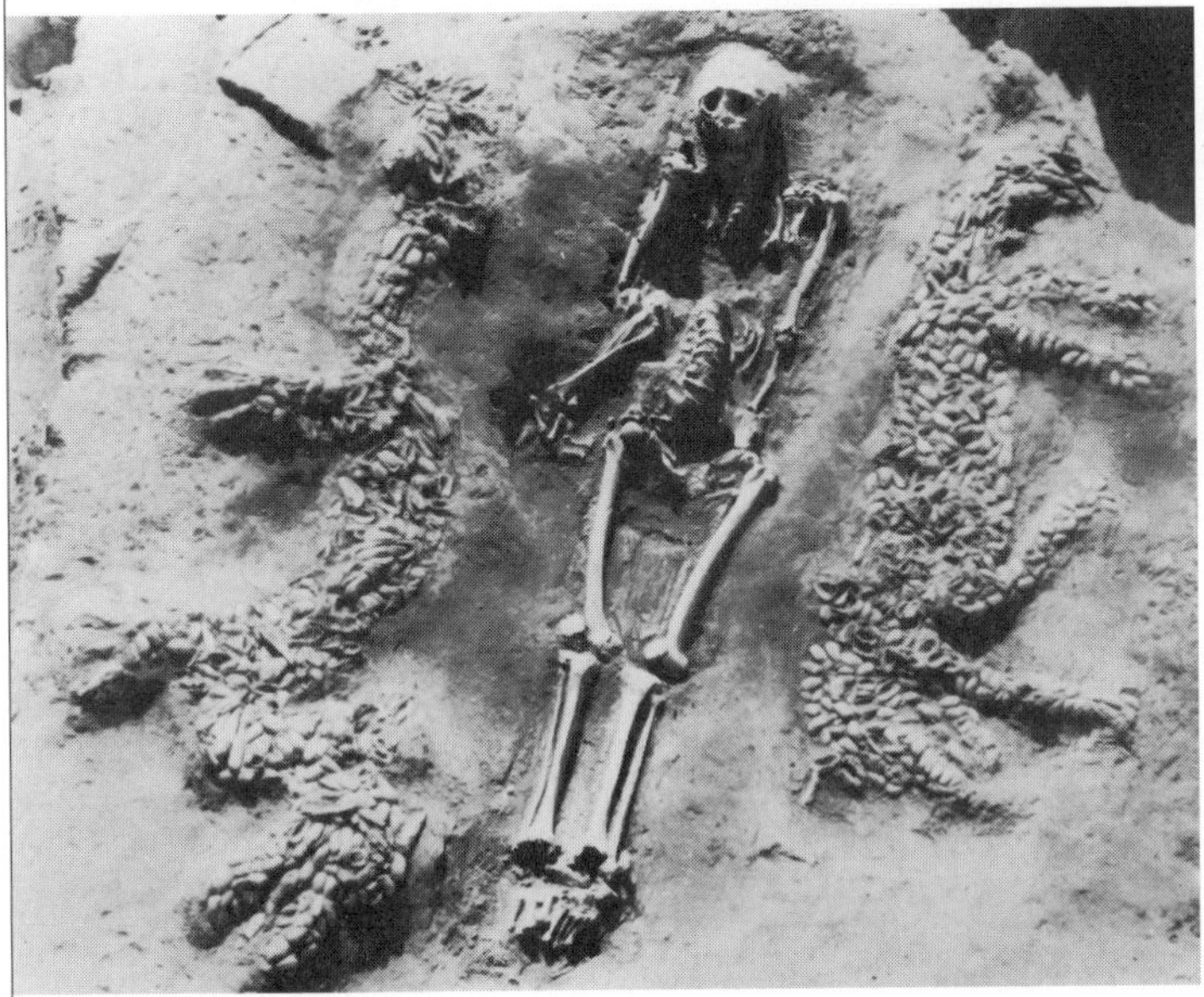

▼良渚文化　中国南部に広範囲に広がる新石器時代後期の文化。浙江省余杭(よこう)市良渚鎮で発見された遺跡を標準とし、華南に広がりをみせるが、おもに浙江省から江蘇省で多くの遺跡が見つかっている。極めて豊富で多彩な玉器が出土しており、墓の規模や副葬品などから良渚文化の社会にあっては明白な階層分化が進んでいたと考えられる。

▼龍山文化　黄河中・下流域に分布する新石器時代後期の文化で、おおむね前三〇〇〇年紀にあたる。名称は戦前における山東省龍山鎮での発掘に由来するが、新中国成立後の多くの発掘によって、現在龍山文化は、河南龍山文化・陝西龍山文化などのいくつかの地域・文化の系統に区分されている。

会の規模がいっそう膨張するとともに、地域的社会内部の階層化が進行し、首長層が確立された。さきの紅山文化でいち早くみられたように、多くの場合、彼ら首長層は大がかりな祭祀施設を造営して、固有の祭祀システムを整え、それをつうじてしだいに地域の統合へと向かった。

新石器時代後期には、地域間の交流がさらに広がったことが、種々の文化要素の共有からうかがえる。それは、例えば、山東地区と長江中流域・下流域との相互関係であり、さらには長江下流域の良渚《りょうしょ》文化▲の要素が華南の広東にまで波及する中国大陸東南部の地域間関係であり、従来にない広がりがみてとれる。

この時期の代表は、前三三〇〇年前後に長江下流域の太湖周辺にあらわれた良渚文化である。良渚文化は、龍山文化▲に先行、あるいは一部かさなった文化であると考えられ、およそ前二三〇〇年ころに終わりをむかえたようである。良渚文化は豊富かつ多彩な玉器文化が特徴である。極めて堅いネフライト(軟玉)を用いていて、加工には大変な技術を要し、貴重品として高い価値を有した。墓葬については、玉器が多数見つかるものと、玉器をもたないものとに分かれる。副葬品としての玉器のこの偏在に表現されるように、墳丘墓の被葬者

▼**陶寺遺跡**　山西省襄汾(じょうふん)県陶寺村で見つかった河南龍山文化の遺跡。おおむね前二五〇〇～一九〇〇年ころにあたる。注目すべきは、一〇〇〇墓以上の土坑墓は少数の大型墓と中型墓、そして九割を占める小型墓にはっきりと分かれていることで、社会的な階層分化が相当に進んでいたことがわかる。また、彩絵(さいかい)の土器・木器が見つかっていて、とくに木鼓は一緒に出土した石磬(せきけい)とともに古い楽器として注目される。図は二〇〇一号大墓。

に代表されるエリートと一般の小型墓の被葬者との格差が、従前のどの新石器社会に比べても著しくなっているのが、この良渚文化の段階である。副葬品の多少は、たんなる経済的優劣をこえた階層間の隔絶を表現している、と考えられよう。すなわち、祭器あるいは宗教的道具としての玉器の製作と所有をとおして社会的権威を維持した階層が出現していたと考えられるのである。

なお、良渚文化は突然に滅んでいる。原因は不明ながら、このころから各地で石製の武器類が多く出土するようになり、あるいは地域間の緊張関係によって実際に地域集団間の衝突が繰り返されたのかもしれない。また、前三〇〇〇年紀後半の顕著な温暖化によって、良渚文化が栄えた太湖周辺の広い範囲が水没してしまったとの見方もありうる。

この時期に属する重要な遺跡には、山西省陶寺《とうじ》遺跡▲がある。ここでは城壁が見つかっている。しかも前期の城壁が、南北約一〇〇〇メートル、東西五六〇メートル、中期の城壁が、南北約一五〇〇メートル、東西一八〇〇メートル、というように、規模が巨大化しているのが注目される。墓葬は、規模・葬式・副葬品によって明らかに差があり、明らかに階層の格差があらわれてきている

▼**甲骨文**　亀甲（腹甲）や獣骨（おもにウシの肩甲骨）に刻された文字記録。またその刻された字の書体をも指していう。おもに占いを内容とするので、卜辞（ぼくじ）ともいう。殷王朝後期の資料として集中的にあらわれるが、西周時代のごく初期（ないし直前）に属する西周（周原）甲骨も見つかっている。

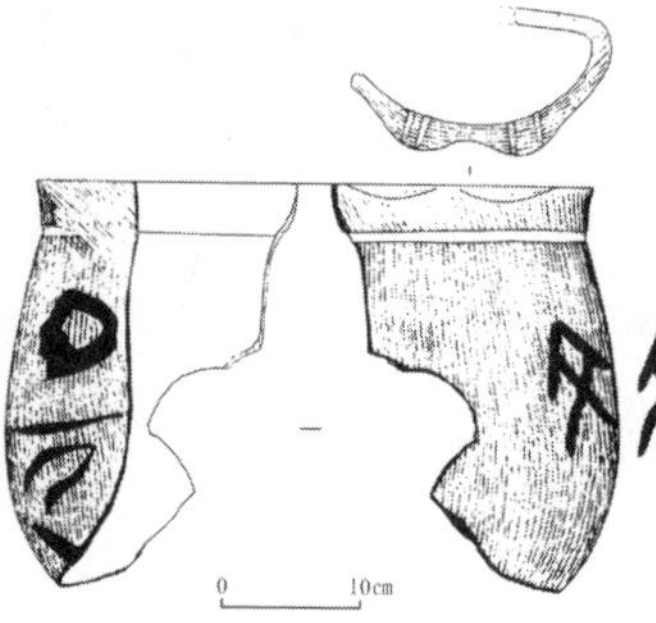

陶寺遺跡出土の朱書陶片

ことが墓葬からわかる。七〇〇基あまりからなる墓地群は、墓葬の規模から、大型墓・中型墓・小型墓に分けられる。副葬品の数や内容は墓葬の規模と一致し、わずか一％ほどの大型墓を頂点に、中型墓は一一％ほど、残りは小型墓が占めるという、ピラミッド型の分布を形成している。ここの大型墓は木棺を使っており、副葬品にもカラフルな彩絵陶器や彩絵木器があって、「装飾」を志向したつくり方が目を引く。しかし、木質葬具と副葬品がない小型墓が全墓葬の約九〇％を占めており、上下のピラミッドの差が極端に形成されていることは明らかである。陶寺遺跡でめずらしいのは、「天文台」と解される場所があることである。中国は古くから天体観測をおこない、殷《いん》の甲骨文▲にも日食や月食の記事があることは知られていたが、それがさらに古く遡りうることがわかったのは大きな発見である。自分たちのいる地上世界に相対《あいたい》するものとして天上世界を措定し、その運行の法則性を発見するところまで到達していたのであれば、後世につながる世界理解の萌芽であろう。また、陶寺遺跡からは文字らしきものが朱書された陶器片が見つかっており、文字の起源の問題にかかわって注目されている。一見、甲骨文の字と極めて類似し、まさしく「漢字」のように見える。しかし、この陶寺遺跡と甲骨文(殷後期)とは約七〇〇年はへだたっており、それほど長い間隔がありながら相互の書体が極めて類似していることは、かえって不信の念をいだかせる。今後の検討が必要である。

新石器時代後期の注目すべき動向としては、いわゆる囲壁集落が各地に多くあらわれてきたことをあげることができよう。囲壁集落は、前三〇〇〇年紀をつうじて長城地帯、黄河中・下流域、長江中流域、四川成都平原などの各地で数多く築かれている。集落の囲壁は、版築▲という技法でつくられるが、厚さ・高さとも一〇メートルほどに達するものもある。大きなものになると、その集落の住民だけでできるような規模ではなく、周辺の集落が労働力を提供するなりしないと建設は難しかったであろう。とすると、中心となる集落は、従来の自然村が膨張して形成されていったものではなく、積極的な意図をもって「大きく」建設したものといえよう。なかでもとくに大きな湖北省石家河《せきかが》遺跡▲は、最大一二〇万平方メートルにもなり、四川省宝墩《ほうとん》遺跡▲は、六〇万平方メートル(長軸一〇〇〇メートル、短軸六〇〇メートル)ほどの規模である。

囲壁建設の意味は、外側に存在するさまざまな「敵」から構成員と財産を守

▼版築　平行になるように並べて立てた板のあいだに土を入れ、杵のような道具で上から突きかためて壁をつくりあげていく技法。土の粒子が密着して凝固し、極めて堅牢なつくりとなる。

▼石家河遺跡　湖北省天門市天河鎮北にある、屈家嶺文化期の大規模集落遺跡。総面積八平方キロの範囲内に数十カ所の遺跡が存在する。城壁と濠をめぐらした城址遺跡を中心にし、その内外に住居跡や生産遺構が確認された。

▼宝墩遺跡　四川省新津県龍馬郷宝墩村にある新石器時代の遺跡。前二五〇〇年ころにあたる。城郭のある集落遺跡で、日中共同の調査もおこなわれている。

るというところに主眼があったことはまちがいないが、こうした巨大な規模の城壁建設を可能とした動員力の強さと、それだけの動員をかけてもまだ生産力が充分に維持された社会構成の規模の拡大とに、むしろ注意すべきであろう。

文化面では、土器に、中期から後期にかけて大きな変革がみられる。その製作に還元焔焼成《かんげんえんしょうせい》▲が導入され、灰陶《かいとう》▲や黒陶《こくとう》▲が出現する。とくに黒陶は、従来龍山文化の典型的なものとされ、卵殻陶と称されるほど極めて薄いつくりで知られ、究極といってよい高い技量を誇っている。また、華北平原東部と西部に限定されるが、ろくろの利用もこの時期からおこなわれている。あるいは、高度な技術を維持する、土器生産の専業集団が発生していた可能性がある。

新石器時代後期の特色を一言でいえば、あらゆる意味における「規模の拡大」ということになろうか。集落そのものの拡大はもちろん、各集落をつなぐ範囲も拡大した。生活をはじめ、人間の諸活動を支える各生産部門の規模は拡大し、人びとの階層間の格差もまた拡大した。そして、人間の活動の場が拡大するとともに、死者の世界や神々の世界も含めた、人間外の世界もまた拡大した。萌芽はすべて先だつ時代に存在したが、この新石器時代後期になって、そ

▼還元焔焼成　窯炊きのさいに窯内に送る酸素の量を少なくして不完全燃焼を起こさせ、焼成する方法。窯内が炭素の多い状態になり、絵具や釉薬に含まれる酸化金属が還元される。その結果、酸化第二鉄は青みをおび、酸化コバルトを含む呉須は藍色を呈する。

▼灰陶　中国、龍山文化期から漢代にまで用いられた、還元焔焼成による土器の総称。青灰色を呈し、おおむね厚手で粗雑なつくりで、紋様も素朴であり、日常使用する器はこれである。

▼黒陶　器の表面に炭素が吸着されて黒色になった土器を指す。ろくろの使用が顕著であり、表面を滑らかに磨くなど仕上げは入念であって、とくに極めて薄手のものは卵殻土器として有名である。

れらは着実にまた大規模に拡大したとみられる。拡大は、ただ遠心的に進むのではなく、中心に核をもった求心的な力をも動かせながら進む。その動きが、つぎの時代を形成する主要な力となる。

以上の流れをざっと記せば、つぎのようになる。

新石器時代前期には、穀物の栽培をおこなって食料の安定的な供給をめざしていた。道具として土器も充実し、日常の生活は豊かになり、個体の生存をこえたレベルへと生活の水準は移っていった。そうした状況を背景に、人間や人間を左右する存在にたいする思索も生まれた。

新石器時代中期は、量だけではなく、質の洗練もはかられた。さらに、現代でいう「神」の存在が明確にかたちをとってあらわれてきた時代である。そしてその「神」のもつ意味が巨大化しつつ、一方、それへ近づく人間もまたあらわれつつあった。

新石器時代後期は、ついに世界理解が神と人との関係として成立し、秩序を形成したと思われる。その秩序に従い、神との距離を基準として、人間世界を構成する論理もまた形成されたのであり、のちの「王朝」につながる支配のあり方が準備されるにいたったと考えられよう。

約八〇〇〇年近くにわたる新石器時代については、重要な発見があいついで、日々新たな相貌を呈してゆきつつあり、到底ここでは語りつくしえない。私がこの時代について注意を向けたいと思うのは、さまざまな環境・条件のなかで、人びとはどのように生きる術を確保して人間や社会のあり方を形成していったのか、そしてそれがこの世界そのものの成り立ちの理解へとどのようにつながっていったのか、ということである。まずは個体の生存を確保せしめる(生命体として維持していける)食料の安定供給が大きな課題であった。それなしにはなにも始まらない。そして、野生の動植物を略奪的に摂取するところから、しだいに栽培や飼養を習得し、さらには保存ということを考えてゆく。そうした展開のうちに、個体をこえて集団としてのあり方が生じ、さらには自然のなかにおける人間の位置にまで考えがおよんでいく。長い時間をかけて、「人間とはどういう存在か」という問題について考え、つぎなるステップとして「人間、どうあるべきか」という問題へと移行してゆく。人間をこえた力の存在、人間ではどうにもできない現象を認識するにつれ、初期においては、「恵みの神」

であるよりかは、「災厄の神」にたいする弁神論的な発想が人間を支配したのではなかろうか。そうした時代こそ、人間を取り巻く環境の意味を読み取ることができる人間、神と交感できる人物の存在意義が大きかったと想像することができる。こうして、王朝支配の正当性を構成する思想が準備されることとなる。

　そして、以後の中国の特徴をなす要素も徐々にあらわれつつある。南北での主要な作物、玉器への偏愛、そして龍の意匠の登場である。また、王建華《おうけんか》の研究によれば(「黄河中下游地区史前人口性別構成研究」『考古学報』二〇〇八年第四期)、この時期、男女比をみると男性が女性より著しく多く(約一・五倍)、あるいは一妻多夫がありえたのではないかという。後年、中国において形成される男系中心主義は、あるいはこうした時期に形成されたものであるかもしれない。政治はもとより、思想文化など、ありとあらゆる面でその後の中国の特徴が形成された時期であったと考えることができよう。

②—夏王朝は「認知」できるか

「夏王朝は実在する」

中国史において「三代」と称される古代の三つの王朝、すなわち夏《か》・殷《いん》・周《しゅう》のうち、殷と周(西周)については、遺跡はもとより、まさに殷や周の人が残した文字資料が多く発見されるようになり、それらの王朝の実在についてはいまや否定する向きはない。あとで述べるように、その実態は着実に解明されつつある。問題は、夏である。

夏は、『史記』では殷に先だつ王朝として存在したことになっている。あとで紹介する二里頭《にりとう》文化▲について、それが殷に先行する時期の文化であり、文献に記される夏王朝と関係する地理的な場所もまた一致するとして、中心的遺跡である二里頭遺跡を夏の王都遺跡であると考える研究者が中国には多い。

中華人民共和国は、一九九五年に夏・殷・周についての重要な問題の解明をめざすプロジェクトを立ち上げ、二〇〇〇年にその成果が公表された(夏商周断代工程専家組『夏商周断代工程一九九六〜二〇〇〇年階段成果報告(簡本)』世界

▼**二里頭文化**　河南省偃師(えんし)県二里頭村で発見された遺跡を標準とする青銅器文化。

図書出版公司、二〇〇〇年）。そのプロジェクトでは夏・殷・周の年代を確定することが中心的な課題となっており、夏王朝は、前二〇七〇年に成立し、前一六〇〇年に滅亡した、という結論が出されるにいたった。中国の学界において は夏王朝の実在は完全に確かなものとされているのである。年代にとどまらず、夏王朝に関係する地理研究であるとか、文化の内容であるとか、さまざまな内容をあつかった研究が積極的になされ、蓄積は日々増大する一方である。

最近中国で書かれた概説や通史には、当然、夏王朝についての部分が設けられる。但し、その場合、二里頭遺跡にかかわる考古学的成果を夏王朝史として述べているのではなく、古くから文献のなかに伝え記されている夏王朝関係の記載にもとづいて述べられていることが極めて多い、ということに注意しなければならない。つまり、考古学的に夏王朝の実在が証明されたと考えることによって、文献上の夏王朝関係の記述がそのまま史実を伝えるものと認定され、どんな零細な記述でも、こと夏王朝に関係があれば片っ端から動員されて夏王朝史の再構成に使われる、といった状況なのである。したがって、中国で出される夏王朝についての歴史記述は、意外に内容が豊富である。政治制度はもちろんのこと、社会生活や法律制度にいたるまで筆がおよんでいる。夏・殷・周、春秋戦国と時代はくだり、始皇帝による統一から、皇帝を頂点とする王朝政治が形成され、それが二十世紀初頭に終焉をむかえるまで、一貫した流れの通史がまことにみごとに描かれ、前二〇七〇年から前一六〇〇年まで夏王朝は存在してその時代を夏代と称するという常識が、中国の歴史学界では形成されているのである。

しかし、日本では必ずしも同意見ではない。理由はあとに述べることとして、まずは、二里頭遺跡について知られるところを確認しておこう。

二里頭遺跡

中国人研究者が夏王朝の遺跡であるとする二里頭遺跡は、河南省の西部、偃師県にある。古都洛陽の南東に位置し洛河の南、伊河の北にあり、二つの河川の合流点近くに位置する。遺址の面積は四平方キロ、その内に宮殿址や青銅器・陶器などの製造工房を含み、さらに墓葬も多数見つかっている。一九五九年の徐旭生《じょきょくせい》▲による調査・発見で注目され、ただちに本格的な発掘が始まり、

▼**徐旭生**（一八八八～一九七八）　中国の歴史家。著書『中国古史的伝説時代』で有名。文献上で夏王朝にかんする伝説が残る河南省西部から山西省南部一帯を調査し、偃師県二里頭遺跡の発見にいたった。

二里頭文化の存在が確認されるにいたった。

二里頭文化は、王湾三期文化▲を基礎として登場したと考えられ、一般に四期に分類されている。二期以降、北や東への拡張の動きを強め、短期間のうちにさまざまな文化伝統を吸収して重層的な文化をつくりあげたとみられる。

二里頭遺跡における発掘は現在も進行中で、まさしく瞠目《どうもく》すべき多くの成果をえた。なかでも重要な発見は、第一号および第二号の二つの大型宮殿址である。第一号宮殿址は、東西約一〇七メートル、南北約九九メートルの版築の大基壇の上に乗っており、基壇は当時の地層から〇・八メートルほど高い。北東部だけが凹んだ、ほぼ正方形の構造で、全体は回廊によってかこまれ、南に大きめの門があり、ほかに北と東に小ぶりの門がつく。このかこまれた区域内の北側、南門から北へ七〇メートルの位置に正殿がある。正殿の基壇は、東西三六メートル、南北二五メートルの長方形で、建物は東西の桁行《けたゆ》き八間、南北の梁《はり》行《ゆ》き三間であったろうかと推測されている(三五頁参照)。第二号宮殿址は、第一号宮殿址の東北約一五〇メートルのところで発見されている。東西約五八メートル、南北約七三メートルの版築の大基壇の上に乗っており、南北に長い

▼王湾三期文化　中華人民共和国成立後のあいつぐ発掘によって、いわゆる龍山文化は山東龍山文化、陝西(せんせい)龍山文化など、いくつもの系統に分けられることとなった。そのうち、河南省に分布し、前二六〇〇〜前二〇〇〇年ころのものを河南龍山文化と呼び、さらにそれが細分化されるなかの一つが王湾三期文化である。河南省洛陽市の王湾遺跡から命名され、だいたい河南省の洛陽平原と嵩山地区を中心として分布する。

長方形を呈している。全体は回廊によってかこまれ、やはり南に大きめの門がある。このかこまれた区域内の北側に、さらに版築で盛りあげた上に正殿がある。正殿の基壇は、東西約三三メートル、南北約一二・五メートルの長方形で、建物は東西の桁行き九間、南北の梁行き三間であると考えられる。殿堂の背後に、二号宮殿と同時期につくられた大型の墓(M1)が一基発見されている。二号宮殿と呼ばれる建造物は、じつはこの大型墓を中心とした建物ではなかったかと考えられる。これらの宮殿址には生活の痕跡を示すものはなにも発見されず、政治的あるいは宗教的施設とするのが妥当である。特定身分のかぎられた人が参加し、整備された政治組織があったのであろうか。基壇の規模も大きく、一号宮殿の版築に費やされた労働力は、一人が一日に〇・一立方メートルの版築を仕上げるとすると、延べ二〇万人、一日に一〇〇〇人が働いて二〇〇日かかるほどの大工事である(岡村秀典『夏王朝——王権誕生の考古学』講談社、二〇〇三年、一二六頁)。

これらの宮殿址は、ほぼ同じころ、二里頭類型中期(第三期)に属すると考えられ、これはC14年代測定▲では前一六八四～前一五一五年(経樹輪校正▲)にあた

▼C14年代測定　Cは炭素で、14はその質量、C14は炭素の放射性同位体で、半減期五七三〇年で崩壊する。その残存量によって年代測定に用いることができ、考古学では遺物の年代を知るうえでよく使われる。

▼経樹輪校正　特定樹木の年輪のようすによって、環境の変化をたどっていくことが可能である。C14年代測定が含む誤差や年代幅、さらには近年の大気中の放射線量の変化を勘案して数値を補正していく作業に応用されている。

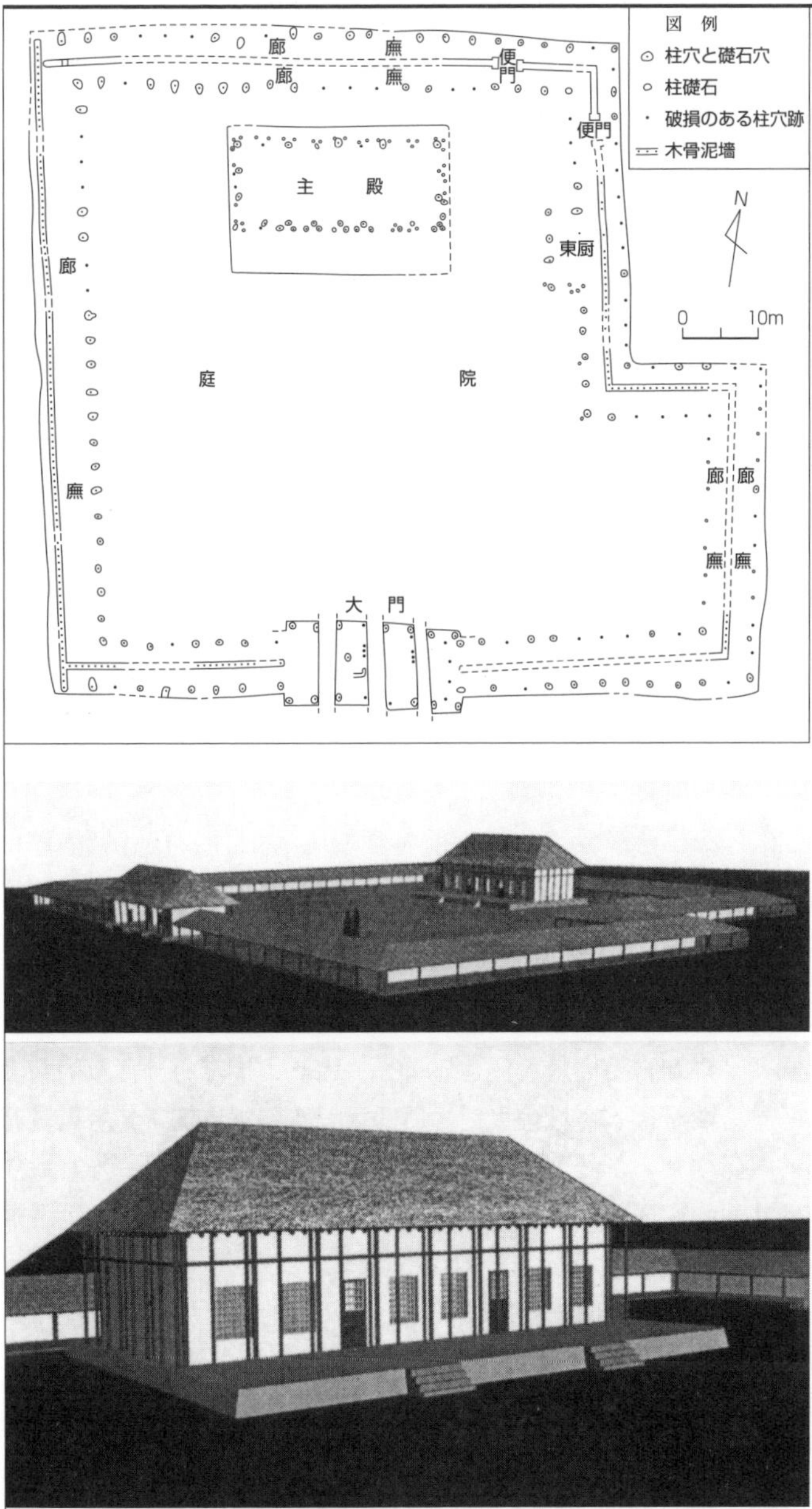

●—二里頭遺跡第一号宮殿址の平面図と復元想像図

る（飯島武次『中国考古学概論』同成社、二〇〇三年、一八三頁）。

遺跡の南部には青銅器製作址、北西部には土器を焼く窯址、北部と東部には骨器製作に関連する遺跡が発見されている。また、遺跡の各所に分散して住居址と墓が発見されている。城壁はいまだ発見されていない。

「礼制」の成立

発掘の成果を受けて、これまでに指摘されるのは、この二里頭文化において「礼制」がすでに成立していたのではないか、ということである。宮殿址および土器や玉器・青銅器から、そのように推測されるのである。

さきに述べたように、二里頭遺址からは二つの大きな宮殿址が見つかっている。一号宮殿址は、四方をかこんだなか、北側に偏った位置に正殿があった。南辺の中央に設けられた門から入るとちょうど正面に正殿を臨む格好になり、後世の文献に伝えられる宮殿建築の基本形式と一致しており、早くもその原型がこの時期にできあがっていたのかもしれない。一号宮殿址では、かこまれた内部に広いスペースがあり、おそらくはここに大勢の人間が集まってなんらか

▼爵　長い注ぎ口(流)と取っ手がつけられ、基本は三本足である。酒を温めるための器だが、しばしば飲酒器と誤解されている。殷周青銅器では、飲用の觚(こ)という器種とセットになることが多い。

の儀式が執りおこなわれたのであろう、と考えられている。

青銅器は、二里頭文化において飛躍的な発達をとげている。実用の器としてとくに武器類に多用される一方、容器の類が儀礼的場面で役割をはたす道具立てとして整いはじめたことがうかがわれる(なお、目下のところ青銅製の農耕具は見つかっていない)。青銅容器では、爵《しゃく》▲がとりわけ多い。これは酒を温めるための器で、のちに殷代にも極めて多く製作されている器種である。たんに酒を温めてそそぐという用途のためにはかえって不自然なまでに注ぎ口を伸ばしたその形態は、酒にまつわる荘重な儀礼があったのではないかと想像させる。自分たち自身の日常の飲酒にではなく、神への捧げもののさいにそれらの器が用いられたならば、儀礼そのものの形成、神秘化や格式化が進んでいたと思われる。そして、二里頭で出土するのとよく似た青銅製の爵が近隣の地域でも出土していることからすれば、こうした器を用いた儀礼が成立していて、それをおこなうことで支配に服することのあかしとしていたということは充分に考えられることである。

玉器では、刃をもった璋《しょう》・刀・斧などが多く出土しており、これらを手で捧げもったかたちで執りおこなう儀礼があったのであろう。そのかたちが本来示す用途とはもはや離れて、権威のシンボルとして機能していたと考えられる。

二里頭文化の意味するもの

現在の河南省、洛陽から鄭州を中心にした黄河中流域の地方は、一種の文化的な概念として、古くから「中原」と呼ばれてきた。中原は、その位置からすると、本来的に中国大陸の東西・南北間の交通上の結節点となる条件をもっていた。ここを舞台として、前二〇〇〇年前後以降、二里頭文化という新たな地域的な文化が登場してくる。

二里頭文化の社会は、以前のものをこえて大きくまた整備された政治組織の存在をうかがわせる宮殿や宗廟と推測される建築物がともなうこと、あるいは青銅容器・玉器に象徴される制度化された祭政的システムに関連する初期の「礼制」の存在が推測されることからすると、新石器時代後期に各地で発達した地域的社会と比較して、政体としてさらに複雑になった組織を形成していたと思われる。こうしたところが、研究者によっては、初期王朝・初期国家と称する理由である。

また二里頭文化は、新石器時代においては分節的で横並びであった地域間関係のなかに、はじめて一つの中心的位置を占める地域的文化として登場し、地域間関係を再編成してゆく働きをしたと思われる。このような二里頭文化の出現は、龍山文化の時代からつぎの段階への飛躍を示すものであり、たしかにこのときから中国史における新たな段階が始まったということはいえる。発見された青銅器や玉器の状況からすれば、二里頭文化のおもな担い手たちが、自分たちを中心として周囲をその影響下におこうとする意図をいだいていた可能性はある。それはまた、優れた二里頭文化に周囲が自然になびいていったということであるのか、あるいは二里頭文化の側が積極的に周囲を統合しようとしたのか、いずれもありえようが、広い範囲を視野に入れる政治のあり方を志向する、後世に定例となるパターンがここで生まれたのだとすると、その歴史的な意味は極めて大きいといわねばならない。

なお、最近の発見として重要なのは、二里頭文化第二期に属するものとして、両輪の車の轍《わだち》が確認されたことである。これまで知られる中国最古の車は殷代

トルコ石を嵌め込んだ「龍形器」

のものであるので、中国の車の歴史が最低で二〇〇年は遡ったことになる（一説では、これは馬車ではなく、人間が牽引したものであるという）。また、二〇〇四年には、トルコ石を嵌め込んだ青銅製の「龍形器」が、「貴族の墓葬」から出土している。全長は六四・五センチほどで、頭部は扁平で眼がめだつ程度だが、身は蛇のようにうねり、嵌め込まれたトルコ石がいかにも鱗のような外見を呈している。二里頭からはこれまでにも「龍」とされる紋様がついた陶器のかけらなどが見つかっており、そのイメージが形成されつつあったことがわかる。なお、出土したのが「貴族の墓葬」であったことから、当時の「龍」はまだ王や王権の象徴とはなっていなかったと解されているが、それが「龍」であるかどうかという根本的な問題があるので、そこまで踏み込んでいうことはひかえたほうがよかろう。

夏王朝の実在は確認できるか

　ではあらためて、夏王朝の実在は確認できるか、という問題にたちもどろう。さきに述べたように、中国の学界の傾向とは異なり、日本の学界においては、夏王朝の実在性については長らく否定的であった。理由は簡単で、出土文字資料によって確認することができない、という一点につきる。殷については、王の系譜のように文献と出土文字資料とのあいだに一致点が確認されたのにたいし、例えば中国人研究者が夏王朝にあてる二里頭遺跡についても、たしかにそれは殷に先だつ重要な文化遺跡ではあるが、出土文字資料がいまだに発見されず、それが「夏」と呼ばれる組織として存在していたかどうか、後世の文献に「夏」としてあらわれるものであったかどうか、という根幹が確認できないのである。まして、『史記』夏本紀《ほんぎ》に記される王の系譜が正しいかどうか、各種のエピソードが事実であったかなどは、まったくうかがい知ることはできないのである。現在、中国の学界が陥っている一つの陥穽《かんせい》は、文献に断片的にみえる夏王朝関係の記述をすべて事実として認め、掬《すく》い上げてしまうような傾向がみえることである。そもそもかりに二里頭が夏王朝の遺跡であったにせよ、遺址の年代からすれば二里頭は夏王朝後期でしかありえず、夏王朝史全般を史実と認定して取り上げるのも不適切ではある。

　ただ、ごく最近は、日本でも有力な研究者が夏を認めつつある方向にはなっている。もともと日本の学界が夏王朝の実在を認めることに消極的だったのは、夏という名称および文献に記される夏王朝の歴史と、実際の遺跡を直接に結びつけることに慎重であるということである。年代的に該当する遺跡のなかにまさしく都城と認めてよいものはあり、国家(初期国家)▲の存在そのものまで否定するものではない。つまり、まずは「夏王朝の実在は確認できない」ということなのであって、決して「実在しない」と断定したのではない。つぎに「夏王朝の実在は確認できない」ということであり、「王朝」が実在しなかったといっているのではない。それが「夏」と呼ばれて文献に記されたものかどうかははっきりしない、ということである。いささかまどろっこしいいい方になってしまうけれども、その違いのもつ意味をどうか理解して欲しい。そして、かりに文字が未発見のまま夏王朝の存在を認定するにせよ、夏王朝についての文献上の記録がそれですべて正しいことになるわけでは決してない。綿密な批判にもとづいた利用が必要である。それも念を押しておきたい。

▼**初期国家**　文化人類学で提起された概念で、国家が形成されてゆくその発展段階において、原始的な状態から複雑かつ巨大化してゆく段階の初めに位置するものとして措定される国家段階。血縁原理からの脱却、社会の階層化、強制力をもつ中央政府の存在、政治都市の出現など、いくつかの指標によって定義づけられるが、各地域の特性を十分に考慮したうえで、歴史理解の分析概念の一つとして用いるべきであろう。

「王朝」とはなにか

　二里頭文化を担った地域的社会や政体を、初期国家あるいは初期王朝と呼ぶ研究者は日本にもおり、考古学ではそのように呼ぶことが多いと思われる。推測される政体のあり方からはその可能性を認めうるであろうが、中国の歴史全体を考えるとき、もうしばらく留保すべきでは、と私は考える。

　周知のように、中国史は王朝交替の歴史である。王朝は、統治システムの一形態であり、その意味では、王がいてその位が代々受け継がれ、臣属する者たちがいて支配がおこなわれた、という表面的な形式で判断しても、一見よさそうでもある。しかし、秦漢帝国から清朝にいたるまで、この王朝システムは、ただの支配方式の一つにとどまるものではない。「王(皇帝)」を世界(天下)の中心におき、そこからいっさいの価値が周縁へ広がり階層序列化した構造を設定する、本質的に世界の構造の理解の仕方の表象なのである。そういう中国における王朝支配の流れという歴史的な枠のなかでこの問題を考えるならば、「大きな権力の存在」という点を強調して王朝の存在を認めることには、もう少し慎重であってよいと思う。「王とはどういう存在であったか」「王位はなにを基準にして継承されたのか」ということについての理解がえられて、はじめて王朝支配を常態とした中国の歴史の流れのなかに位置づけることができる。

日本古代史の研究者である長山泰孝が、国家観・国家成立史観についてつぎのように述べている。

国家は人民支配の機構ではあるが、同時に階級支配の手段たるにとどまらない、社会の内的要求に基づいてこれを統合する独自の機能をもっている。国家というものは、それを構成する人々にとっては特別な存在であり、前近代においてはしばしば特別な神聖性をもつものと観念された王を媒介とすることによって、かろうじて形成され維持される態のものなのである（長山泰孝「国家と豪族」『岩波講座日本通史第三巻　古代二』岩波書店、一九九〇年）。

じつは右の長山の主張も、国家と王朝とをかさねてしまっていることは妥当ではないのだが、王の王たるゆえん、王朝の王朝たるゆえんは行使できる権力にだけ存するのではなく、王が存在することで形成される「この世の秩序」こそが重要なのである。その点に踏み込めなければ、王朝史、はては中国史の理解としては不充分ではなかろうか、と私は考える。国家＝王朝ではないのであって、従来は「初期国家」についての研究が中心であったといえよう。出土物や遺構から判断される二里頭遺跡の権力者は、「国家」の次元としてはおそらくは大きな力を有していたに相違ない。しかし、その権威や権力の源はなんであったろうか、また、その権威や権力はいかなる目的で用いられたのであろうか。「王朝」史としては、現段階では充分に解明されたとはいえないと思われる。前述のように、弁神論的な立場から「王」の存在意義が重要であったならば、「王が存在することでなにが実現されるのか」ということがはっきりしないうちは、王朝それ自身の意味もはっきりとはしないのではないか。

「王朝史」としての展開にたいするこのような疑問をぬぐい切れず、私はここでは二里頭をもって夏王朝にあてる考え方には消極的である。但し、殷王朝の前に大きな権力構造が存在し、殷はたしかにそれを倒して成り立ったという歴史的な展開については、多くの研究者によって解明されてきたとおりであり、私も同意するものである。「王朝史」は、今後の課題である。

③—神と人の殷王朝

殷王朝の歴史

殷《いん》と呼ばれる王朝の歴史については、司馬遷《しばせん》の『史記』殷本紀《ほんぎ》に記述がある。湯《とう》▲という人物が挙兵して、暴虐なる夏《か》王朝の桀《けつ》王▲を伐《う》って勝利し、殷王朝を建てたというのがその始まりになる。桀がどれほど暴虐であろうと、臣下が君主を暴力によって打倒したことには変わりはなく、夏から殷への交替は、あるいは戦闘行為も含んだ巨大な変化として記憶されたのであろう。

湯に始まり紂《ちゅう》王▲に滅ぶ殷王朝の王の系譜は、『史記』殷本紀によって復元することができる。但し、そのほとんどの王についてはその即位が伝えられるのみで具体的な治績の記述はなく、ほんの数名の王について若干の断片的なエピソードが残されるのみで、その意味では『史記』殷本紀が伝えている情報は決して多いものではない。しかし、『史記』が書かれたのは殷滅亡から一〇〇〇年近くあとのことであり、情報がこれだけ残されたことはむしろ驚異的なことといってよい。

▼湯　殷王朝初代の王。成湯、あるいは大乙・天乙とも称される。文献では有徳者であったとする話が多いが、主君を武力によって打倒する「放伐」という王朝交替(クーデター)の形式を創めてしまったというマイナス面とのジレンマにさらされる人物でもある。

▼桀王　夏王朝第十七代の最後の王。名は履癸で桀は号だとされる。暴虐なふるまいが多く、湯によって鳴條の野に追放されそこで死んだという(『史記』夏本紀)。殷の紂王とともに暴君の代表であるが、具体的な悪事は話としてはほとんど残っておらず、その悪評だけが有名である。

▼紂王　殷王朝最後の王。名は辛。紂は諡(おくりな)で「義を残(そこ)ない善を損する」の意であるという。酒池肉林の故事に代表される、ありとあらゆる暴虐なおこないをほしいままにしたとされる、中国史上の暴君の代表とされるが、王朝交替にかんする革命説の上から亡国の王としてあらゆる悪事を彼にこじつけたというのが実際であろう。

●殷王朝の系譜（右は『史記』殷本紀に所載のもの。左は甲骨文にもとづいて復元したもの）

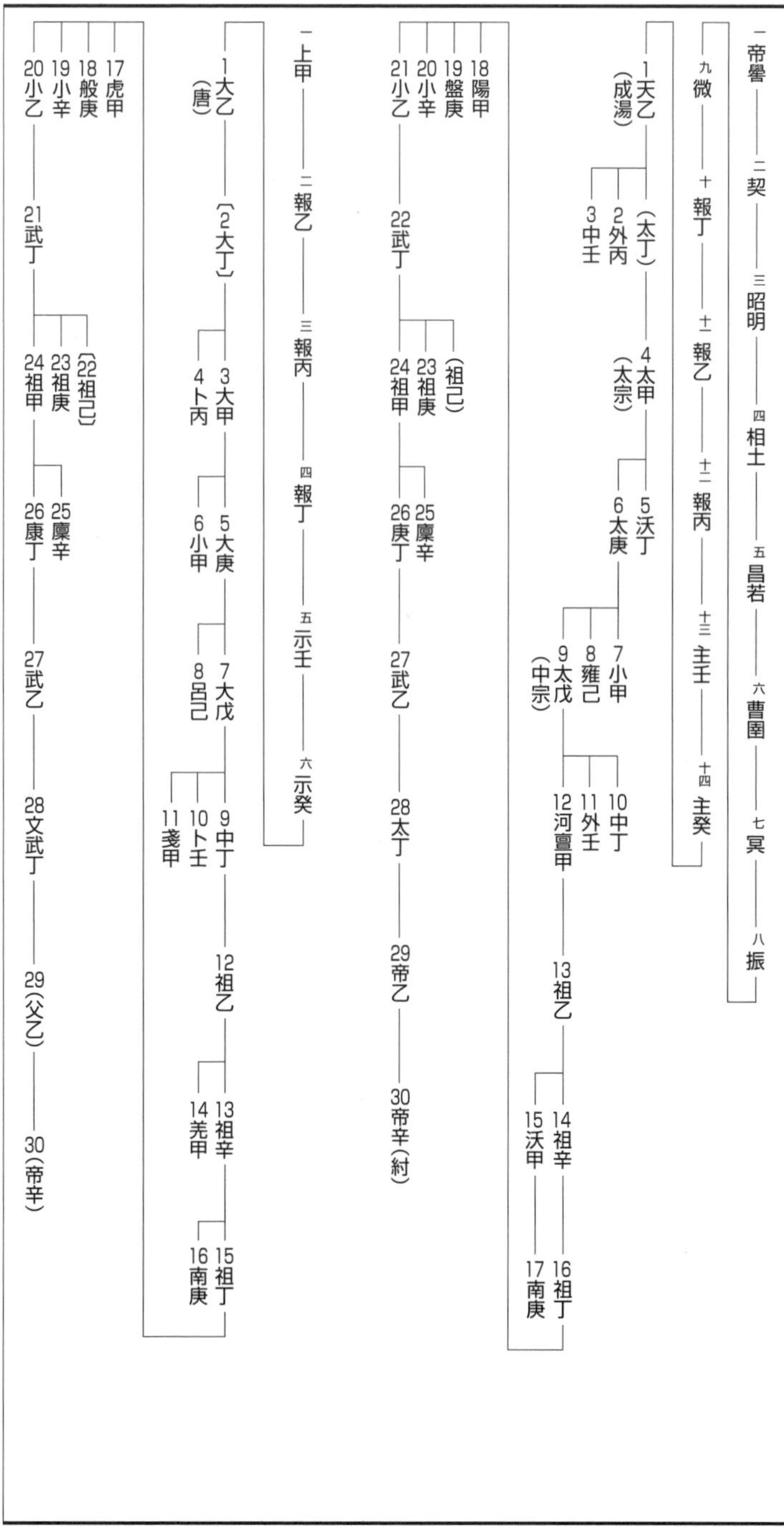

▼**殷墟**　河南省安陽市小屯村を中心とし、洹河(えんが)の南北両岸にある遺跡。一九二八年から正式な発掘が始まり、墓葬や宮殿址、多くの青銅器や甲骨など、殷代後期にかんする多くの発見があった。現在も発掘は続き、新発見が途切れることがない、驚異の遺跡である。殷墟という語は、『史記』項羽(こうう)本紀にみえており、殷の滅亡から秦末まで数百年間もその伝承が途切れなかったことが分かる。

殷王朝の歴史が具体性をもって姿をあらわしたのは、二十世紀になってからのことである。一八九九年の甲骨文の発見とそれに引きつづく甲骨の収集と解読への努力、そして一九二八年に始まった「殷墟《いんきょ》」▲の発掘、これらを踏まえて、まさに殷人が残したその実物から殷王朝の実態を探る試みが可能となったのである。甲骨文からは、あらゆる事柄に神の意志をうかがう殷の人びとの素朴なる心性を知ることとなった。また、「殷墟」の発掘からは、地下深く造営された巨大な墓とそこに埋められていた多数の殉死者のようすによって、殷王の有していた権威と権力とを実感することとなった。文献資料からは想像もしなかった殷人の実際の姿が、こうして明らかとなったのである。しかし、一方、システマティックに構築された祖先にたいする祭祀体系のみごとな合理性や、まさに究極の域にまで高められた青銅器鋳造技術が存在していたことも明らかとなったのであって、当時にあって、「素朴さ」と「合理性」とが共存していたことが感じ取れるのである。

殷王朝の実態の解明は、近年ますます成果があがっている。解放後のめざましい発掘により、重要な遺跡の発掘もあいつぎ、また甲骨資料もさらにふえ、殷王朝史を探るための材料がそろいつつある。もちろん、解釈をめぐって議論も多くでてきてはいるが、そのことじたいが巨視的には進歩・発展であることは疑いがない。

殷代史の枠組み

以下、考古学の成果を踏まえて、ごく簡単に、殷代史にたいする初歩的な認識を紹介しておこう。新発見でただちに覆される恐れはあるが、その確認なしには話は始まらない。

現段階では、殷代を前期・中期・後期の三つの時期に区分する。このうち文字資料が残っているのは後期だけであり、それ以前の時期については断片を除けば文字資料はないのである。前期と中期については、遺跡の状態と遺物の属する文化から年代を判定し、殷代史に位置づけている。解放後の発掘によって、殷代を前期・中期・後期の三つの時期に区分する考え方が常識となったが、とくに最近の発掘によって、その区分は大きく改められることとなった。目下のところは、時代と遺跡の関係はおおむねつぎのように考えられている。

殷前期　河南省偃師《えんし》県の「偃師商城」遺跡、河南省鄭州《ていしゅう》市二里岡《にりこう》遺跡
殷中期　河南省鄭州市白家荘《はっかそう》遺跡、河南省鄭州市小双橋《しょうそうきょう》遺跡、河南省安陽《あんよう》市の「洹北《えんほく》商城」遺跡
殷後期　河南省安陽市の小屯村を中心とするいわゆる「殷墟」遺跡

二〇年程前には、殷を三期に分けるにしても、鄭州二里岡遺跡を殷中期とみなし、二里頭《にりとう》の後半をもって殷前期にあてる説が主流であったが(後期は同じ)、近年の偃師商城や洹北商城の発掘により、その見方は右のように改められるにいたっている。なお、ここに「商城」というときの「城」とは、日本でいう天守閣にあたるような建造物のことではなく、町全体のことを指す中国語としての意味で用いている。

前掲のプロジェクト(三〇頁参照)では、殷を前期と後期に二分し、第二十代(湯から)の王である盤庚《ばんこう》の遷都をもってその分岐とする。

偃師商城

『史記』によれば、殷王朝はしばしば遷都しており、伝説上の始祖である契《せつ》

から初代の湯にいたるまでで「八遷」であるという。殷王朝初代の湯が移ったという亳《はく》の地がどこにあるかは重要な問題として議論され、偃師商城がそれにあたるのではないかと考えられている。偃師商城の位置は、洛河をはさみつつ、西にある二里頭遺跡と約六キロほどの距離にある。これはずいぶん近接しているというべきで、その点にこの都市のもつ意味があらわされていると考えられよう。この偃師商城は二里頭遺跡の最末期(二里頭類型四期)と年代が若干かさなっており、二里頭を担った組織への対抗の意図をもって造営されたとする見方もある。二里頭が夏王朝であるか否かはともかく、殷のもっとも早い遺跡が、先だつ文化の遺跡のすぐ近くに存在したという事実は、重視せねばならない。

偃師商城遺跡は、一九八三年に発見された二里岡期の都城遺跡であり、鄭州商城の西約八〇キロの洛河北岸に位置する。偃師商城の城郭は、南北最長で約一七〇〇メートル、東西は最大の北部で一二〇〇メートル、最狭の南部で七四〇メートル(南城壁は、洛河の北岸に接する)、という南北に長い長方形である。この城郭内部の南部には、南北一一〇〇メートル、東西七四〇メートルの長方形の城郭をもつ内城が確認されており、つまり偃師商城は、じつは内外二重の構造をもっているのである。この内城の中央部にはまた全周八〇〇メートル、厚さ二メートルの壁でかこまれた宮城があり、宮城内部には大型の宮殿建築址群と関連施設跡が発見されている。この状況を読み解くと、偃師商城は、最初は宮城を中心としたやや小さな規模で始まり、それがのちに拡張された、とみればよいであろう。殷王朝成立後、この地のもつ意味が大きくなって改修されたが、比較的早くその役割は終わってしまったかのようである。度重なる遷都の影響もあろう。

鄭州商城

偃師商城と同じ時期に属し、偃師商城よりもさきに発見されていたのが河南省鄭州市二里岡遺跡である。この二里岡遺跡の出土物から二里岡文化という文化の存在が明らかになったのである。ここは城郭をもつ巨大な遺跡であり、以下、鄭州商城と呼んでおこう。

鄭州商城は、長方形プランの城郭とその内部や周囲の遺跡群からなり、城壁は、南と東城壁の長さが約一七〇〇メートル、西城壁約一八七〇メートル、北城壁約一六九〇メートル、という西だけがやや長いいびつな正方形を呈している。この城壁の一部は現在でも五メートル前後の高さで地上に残っていて、その大きさを実感することができる。

鄭州商城は、城郭の内外で豊富な発見があった。城郭内の北東部一帯に二〇基以上の大型・中型の建築基址が見つかり、宮殿区と推測されている。井戸や排水施設もあり、都市機能を備えたものといえよう。城郭の外周では、工房址、墓域、青銅器の埋納坑が発見されている。青銅器の埋納坑はなんらかの祭祀にかかわるものであろうか。二里岡文化では、青銅器が二里頭に比べて格段の進歩をとげている。青銅器は急激に巨大化し、大方鼎《だいほうてい》が数件出土している。その表面を飾る紋様は、のちに殷墟文化で多く見られる複雑な紋様へと発展していく。玉器はここでも多数見つかってはいるが、数量的には二里頭文化より後退した印象を受ける。土器では、いわゆる灰釉陶《かいゆうとう》(原始瓷器《しき》)が本格的に出現することが注目に値する。

なお、近年、鄭州商城の北西約二〇キロ、黄河の南岸から遠くない地点で発見された小双橋遺跡が注目されている。これは、東西八〇〇メートル、南北一八〇〇メートルほどの広さをもつ二里岡上層期後半の遺跡である。大型の建築址三基が発掘されており、その一つは残されている部分だけでも東西五〇メートル、南北一〇メートル以上にもなる巨大なものである。建築址の付近では、獣面紋などを飾った青銅製の建築部材が出土しており、王室関係にふさわしい規模と格式の建築群が造営されていたのであろうと思われる。建築址群の周囲には多数の祭祀坑が発見されている。人を埋葬した竪穴や犠牲獣を埋めた祭祀坑が少なくとも一七基発見されている。ここは、銅の精錬が繰り返しおこなわれている場所でもあり、また、朱書された陶文が一〇字あまり発見されてもいる（文字かどうかは不明）。遺跡で出土した土器は、大半が二里岡上層期後半前後に相当する。遺跡の継続期間としては短い。

「殷墟」遺跡

『史記』項羽本紀にも名が見える「殷墟」は、一九二八年に正式な発掘が始められ、これまでにも数多くの成果がえられたが、八〇年近くたった現在でもさらに新しい発見が続く、まさに無限の情報を秘めた驚異の遺跡である。

殷墟は、河南省小屯村に属し、洹河という川をはさみつつ、その南北約三〇平方キロの範囲に広がる、殷王朝後期(殷墟文化)の時代を代表する遺跡である。

殷墟遺跡は、洹河の南の小屯村付近にある宮殿・宗廟区、洹河北側の侯家荘《こうかそう》付近の王陵区、周囲に点在する住居群、中小墓の地域、青銅器製作址、といった多くの種類の遺跡がある。これまで、盤庚遷都以降の殷王朝後期の王都遺跡とする説が多かったが、殷墟については城郭は未発見であり、そのため、「ここは都市ではないのでは?」「王都ではないのでは?」という疑問は消えない。例えば、宮殿・宗廟区は偃師商城や鄭州商城の宮殿区より一回り小さいことも、その可能性を示唆する。但し、建築群は時間をおいて建てましされていて、一時期のものではなく、殷墟が長期間にわたって使われた場所であることには変わりはない。

戦前における一五回の発掘でわかったことは多い。王のものと思われる大墓の発掘は、特筆してよいであろう。東西南北に墓道を設け地下深く掘り進んだその規模は、まさしく大きな力をもった王の墓にふさわしい。盗掘されていたため発見された遺物こそ少なかったが、重要な成果であることに変わりはない。

「婦好」を示す銘

未盗掘のものでは、一九七五年に発見された婦好《ふこう》墓が極めて重要である。墓の規模としては、大墓に比してはるかに小さいが、副葬品として埋められていた青銅器と玉器の数と質においてまことに驚くべきものであった(五七頁参照)。この青銅器の銘文から被葬者は「婦好」という人物であると判断されたが、この婦好が甲骨文のなかに名がみえている人物であることもまたこの発見の意義をさらに大きくした。婦好は、甲骨文の記述では、兵士を率いて戦いにでかけているなど重要な任務を背負った人物であり、王である武丁の妃であろうと考えられている。墓の規模は大きくないものの、副葬品がきわだって豪華であったのは、そのせいであろう。ほかに類例のない形状やサイズの青銅の容器が出土しており、婦好の地位の重かったことがよくしのばれる。

華麗なる青銅器文化

中国における青銅器文化は、工芸的な精緻さではこの殷王朝後期の殷墟文化で早くも頂点に達している。かたちやデザインのヴァリエーションの豊富なこと、紋様の緻密さ、製作された数の多さなど、どれをとっても他の時代をこえ

殷墟遺跡分布図

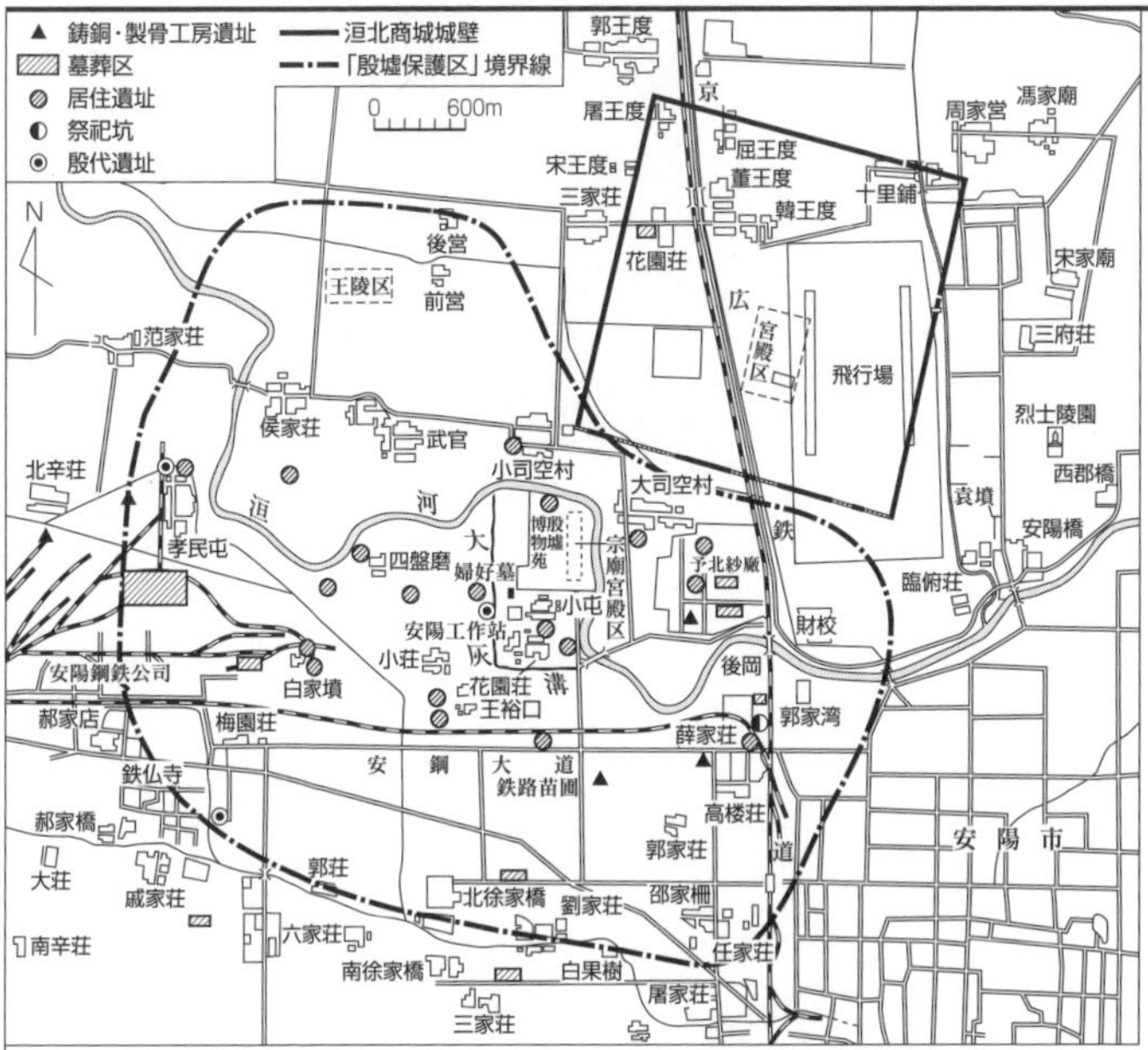

婦好墓出土の副葬品

右上から時計回りに、青銅鉞（まさかり）、青銅斝（か、酒器）、象牙杯、玉人。

ているといってよい。青銅を素材とした器物は新石器時代からあるが、初期は製造が簡単な小さいものや平たいものがほとんどである。それに比べて殷墟文化の青銅器は彝器《いき》と称される容器、それも酒器が多く青銅器にたいする特別な意味づけが成立していたことはまちがいない。

中国古代における青銅器製作は、外范《がいはん》分割法▲という、極めて複雑かつ精度を要する技法をとっており、簡単にどこででも製作できるというものではない。特別な技能をもった専門の職人集団がいて、例えばそれが王室に所属してその管理のもと、一元的に作成していたという状況が想定されている。なお、紋様には、例えば同じ饕餮《とうてつ》紋▲であってもいくつかのヴァリエーションがあり、そこに工房を単位とした青銅器づくりの「流派」があったとする説もある。現在、もっとも重い青銅器は司母戊《しぼぼ》鼎であるが、八七五キロというそれだけの重さになる青銅をとかして一気に鋳造に用意するためには、相当多数の人間が同時にその工程に関与していなければならず、工房に属していた工人たちの数もそれなりに多かったと推測される。

このように当時の技術の粋を結集した殷の青銅器は、王室関係者が自ら用い

▼外范分割法　青銅器製作にあたって、複数に分割した鋳型を鋳造時に組み合わせ、すき間にとけた金属を流し込む技法。全体のバランスや紋様のつなぎに狂いがないようにするには、極めて高度な熟練の技が必要である。

▼饕餮紋　殷周青銅器に極めて多くみられる紋様。獣面を基調としつつ、さまざまな要素を組み合わせて複雑に構成される。通常、青銅器のもっとも目につく部分に大きく飾られ、多くの種類がある紋様のなかでも格が高いものとされる。饕餮とは文献にでてくる貪欲な獣の名であって、後世の命名であり、この紋様を

殷周人が饕餮と呼んでいたわけではない。

司母戊鼎

たのはもとより、一方では貢納にたいする見返りとして王室から配分されたものとも考えられる。すなわち、王室の宗教的権威をもって聖化された祭祀の道具を受け取ることで、受領者は王室の祭祀の体系と結ばれることになる、という構造である。殷墟文化の青銅器が広い範囲から出土する理由には、青銅器それ自身の物質的価値よりも、それを用いておこなわれる宗教的な意味あいにかかわるところが大きかったということになる。

神と人

甲骨文の内容は、基本的に占いにかかわる事柄である。神の意志を聞くというかたちで、人間にまつわる事柄があらわれる。戦争のような非日常的なことはもとより、農作物の実りのような年単位のこと、はてはつぎの十日間の吉凶のようなルーティンまで、幅広い。また、神々の怒りを恐れ、捧げる犠牲の数を執拗《しつよう》に聞くなど、災禍にたいする恐怖の念は著しい。王の歯痛の原因はだれの祟《たた》りであるかを問うた例もあり、人間それじたいあるいは王という存在のむしろ脆弱振りを感じてしまうほどである。

祖先をも含めた神々にたいする極めて丁重な態度は、神を恐れる一方でそれに依存もし、非合理的にして迷信的にみえる。それは、さきに述べたような究極の技術水準を誇る青銅器に象徴される物質文化の高さといかにもアンバランスなため、殷人のもつ矛盾とも解されている。しかし、物質文化は、経験則によって、当面の目標を掲げて実験を繰り返すことで技術をみがきあげていくことがある程度可能であって、古代の段階で最高水準の成果に到達することもありえよう。技術という一分野のなかにおける到達度であるから、人間理解や世界理解における認識の到達度と直接に関係するものではない。一方、殷人が神を尊崇してその意を聴くことに意をはらったのは、当時における世界理解のあり方としては当然であり、かつ、人間をこえた意志を尊重することで逆に人間をまとめていこうとする政治的な手段としても効果的なものであり、充分にねられたものであったと思われる。つまり、殷人の「精神」と「物質」の水準はいずれも当時におけるもっとも優れたものであり、そこにギャップがあるとするのは適切な見方ではないのではないだろうか。

▼垣曲古城　山西省垣曲県にある殷代前期の城郭遺跡。鄭州商城や偃師商城とほぼ同時期だがやや遅れると思われる。城壁は南北がやや長く、周囲は計約一・五キロあり、四方に城門が設けられていたらしい。城内には大型の建築基址が六基あり、城内からは大量の青銅器・土器・石器が見つかり、また卜骨も見つかっている。

▼盤龍城　湖北省武漢市黄陂区にある殷代前期の遺跡。鄭州商城とほぼ同時期にあたる。周囲約一一〇〇メートルの城壁でかこまれ、城郭内北東部に大型の宮殿址がある。居住址や工房址、墓葬は城外におかれている。銅をはじめとする南方の物資の確保のために機能した、殷王朝の南方拠点とみられる。

周辺との関係

近年の発掘によって、殷王朝の中心地域から離れた場所にある遺跡が続々と見つかった。例えば、殷王朝前期では、殷王朝の中心地を離れた地域にありつつ、中心地と緊密な関係をもった遺跡として垣曲《えんきょく》古城▲、盤龍城《ばんりゅうじょう》▲がある。湖北省東部の漢水東側地域では二里岡・殷墟文化に属する青銅器が多数出土しており、殷系土器を主体とする集落址がかなりの密度で分布している。そこは盤龍城に代表される中心的集落が建設されたのちにその周囲に網状に広がった中小の集落群と思われる。殷王室に近い関係にあった族的集団の一部がこの方面に展開していたかと推測される。

また、安陽周辺に殷王朝の中心地が移りはじめる花園荘期▲のころ、河北省藁《こう》城台西《じょうだいせい》村遺跡▲では典型的な殷系文化をもつ比較的大型の集落が登場し、ここからは早期の鉄製品も出土している。ほぼ同じころ、そこからさらに二〇〇キロ以上も北の北京地区でも、殷系青銅器を多数出土した劉家河《りゅうかが》遺跡▲の墓が知られる。

こうした殷王朝につながる地域的拠点の遺跡には、つぎの三種が存在する。

▼花園荘期　花園荘は、河南省安陽の殷墟の北側に位置する場所。これまで二里岡文化と殷墟文化とのあいだには、土器の形式上は若干の空白があるとされてきたが、花園荘から出土した土器をそのあいだに入れてみるときれいにつながることがわかった。

▼藁城台西村遺跡　河北省藁城県台西村にある殷代中期の遺跡。居住遺跡と墓葬が中心である。刃の部分に鉄(隕鉄)を用いた青銅の鉞が出土しており、極めて早い時期の鉄製品として特筆される。ほかにも紡織品や酒の残滓も見つかっており、文化的に注目に値する遺跡である。

▼劉家河遺跡　北京市平谷県にある殷代の遺跡。墓葬からセットになった青銅器と、ラッパ型の金耳環が見つかったことが注目される。また、刃の部分に鉄(隕鉄)を用いた鉞も見つかっており、金属加工技術にかんして重要な遺跡である。

①殷王朝の文化伝統をもつ人びとが中心となった比較的大型の集落、軍事的あるいは経済的拠点としての性格をもった植民的拠点
②殷系文化の集団によってつくられた集落であったが、しだいに中央とは距離をおいて自立的な集落を形成したもの
③当初から殷系文化の集団と在地系文化の集団の共存を前提とした集落

先述の二里岡期には、山西南部に典型的な二里岡文化の土器を出土する遺跡があらわれ、東下馮《とうかふう》遺跡▲では、一辺四〇〇メートル規模の城壁が築かれている。ところが、二里岡期から殷墟期への移行にさいしてこれらの遺跡はほぼ同時期に廃絶されている。長江中流域にみられたものと同様、殷王朝の植民的拠点であったのか、あるいは在地に定着した基盤をもたない拠点であったか、詳細は不明ながら、殷墟期には、それ以前の城邑が使われなくなっているケースがある。積極的に捨てたのかもしれないし、維持が困難になって放棄せざるをえなかったのかもしれない。殷王朝じしんのたびかさなる遷都とあわせ考えると、むしろ後者の可能性が強い気もするがどうであろう。

傅斯年《ふしねん》▲の有名な「夷夏東西説」は、夏と殷の交替を地域的な東西と結びつけ

▼東下馮遺跡　山西省夏県の東北に位置する遺跡。文化的にはほぼ二里頭文化に属する。青銅の残片や石製の鋳型(石范)が見つかっており、初期の金属(青銅)関係資料を提供している。

▼傅斯年(一八九六〜一九五〇)　中国の歴史学者。北京大学在学中に五四運動に遭遇し、中心人物として活躍した。ヨーロッパ留学から帰国後本格的研究生活に入り、のち長らく国立中央研究院歴史語言研究所所長の要職にあり、晩年は台湾に在った。論文「夷夏東西説」(一九三五年)は、殷周史のとらえ方について大きな影響を与えた。

たダイナミックな見方として、長らく学界で支持されてきた。しかし、近年の発掘はもはやこの見方が成り立たないことを証明した。傅斯年によれば、殷は東方の出自で、山東省方面から西に移動してきて殷王朝を開いたものであったはずである。ところが、前二〇〇〇年ころ以降に山東龍山文化のあとを受けて山東省方面に展開した独自の文化が存在することが明らかとなったのである。この文化を岳石文化《がくせき》▲と呼び、殷の起源を東方に求める考え方は否定されるにいたったのである。しかし、その山東方面も、殷墟期には殷王朝の影響を受けている。すなわち、殷墟期の終わりころには殷墟の王墓に匹敵する大型墓などが山東省蘇阜屯《そふとん》▲に造営されており、殷王朝の政治的支配が山東中部にまでおよんだ一時期があったことをうかがわせる。岳石文化それじたいも殷墟期後半以降は、大きく変容している(山東半島の縁辺部にまで中原王朝の文化が浸透するのは、ようやく西周中期以降かと思われる)。

殷と南

南方では、鐃《どう》と呼ばれる大型の青銅製の楽器が多数出土する(この例は殷墟期

▼岳石文化　山東省を中心に分布する文化で、前一九〇〇~前一六〇〇年ころにあたる。山東龍山文化のあとを受けながら、厚手の灰陶を用いるなど特徴が異なる、独自の文化である。黄河中下流域では二里頭文化、先商文化~殷文化、そして岳石文化がおたがいを排斥するように併存していたことが明らかとなり、とくに殷を東方起源とする説は否定されるにいたった。

▼蘇阜屯　山東省青州市蘇阜屯村にある殷代後期の遺跡では、殷墟の王墓に匹敵する規模の四面墓道が設けられ、多数の殉葬者をともなう大墓(亜字型墓)が見つかっている。墓葬の形式と埋葬の制度、副葬された多数の青銅器や土器の形式や組合わせは殷墟の事例と同じであり、当地が殷の文化圏に属していたことを示している。

新干大洋洲出土の青銅器　扁足鼎(右)、人面形器(左)。

▼呉城文化　江西省の鄱陽(はよう)湖周辺と贛江(かんこう)中下流域の地方文化。江西省樟樹県呉城遺跡や、新干県大洋洲の大墓が代表的な遺跡である。前者では甲骨文に似た記号が刻まれた土器が多数見つかり、また後者では器形や紋様が独特な青銅器が多数見つかっている。

並行期から春秋後期まで続く)。殷王朝の植民的拠点にも近い長江中流両岸地帯の銅鉱山分布地の周辺で、殷の青銅技術をもつ人びとによってつくられたものであろうと考えられ、大型の青銅楽器を祭器として、山川の信仰とも関連した祭祀儀礼がおこなわれていたのかもしれない。こうした祭祀儀礼を求心力とした首長制社会の存在もうかがわれ、楽器の特異性もあって、中原王朝の祭祀体系とは異質のものというべき文化がそこにはみられる。西周期に入ると、漢水東側地域には姫《き》姓の諸侯が入り込んで新たな在地社会を再編成することになり、漢水以西の地域では、在地系の土器が主体となり、土器相における中原との関係が曖昧になる。

殷王朝の長江中流域への支配は、銅資源の入手がおもな目的であった可能性がある。早期の採掘は、比較的まとまった規模の殷系文化の集団によって担われたとの見方もある(西周後期以降は、土着の「越」系の人びとによって採掘されたとみられる)。そのことは、南方出土の青銅器が、意匠のうえでいかにも中原地域の青銅器と異なることに示されている。例えば、江西省新干大洋洲《しんかんだいようしゅう》から出土した多数の青銅器と玉器は、中原の特徴を有しつつ、紋様と器形に独特の

三星堆遺跡出土の青銅器　仮面(右)、立人像(左)。

▼鉛同位体比の分析　青銅器の材料である青銅は銅と錫の合金であるが、銅鉱石や錫鉱石は微量ながら鉛を含んでいる。その鉛には四種類の同位体があり、それらの同位体組成の特徴を分析して金属材料の来源を特定することができる。

改変があり、きわだって個性的である。呉城《ごじょう》文化▲は、殷系文化と在地固有の要素からなる土器の組成を示している。

龍山時代相当期に、成都平原には城郭をもつ大型集落が発見されている。それが三星堆《さんせいたい》遺跡であり、ほぼ前二〇〇〇年紀の初めから終わりころにいたる約一〇〇〇年間も繁栄を続けたと考えられている。そこには東西一六〇〇〜二一〇〇メートル、南北約二〇〇〇メートル規模の城郭が存在したことが明らかになっている。この遺跡は、前半は中原の二里頭・二里岡文化に並行する時期と考えられ、良渚《りょうしょ》文化の玉器文化や、二里頭文化の玉器や青銅器を受容している。後半は、殷墟文化に並行する時期であり、ここに属する青銅器は日本でも何度か展示され、眼にした人も多かろう。眼の飛びでた仮面や長身痩軀《そうく》の人物像など、かつて類例のなかった独特な青銅器が発見されて、学界を驚倒させた。中原で青銅器が供献用の容器として発達したのとは明らかに違う、独自の青銅器文化をもっていたとしかいいようがない。にもかかわらず、その製法としては中原と同じく外范分割法を用いており、共通の基盤であったこともまた疑いがない。しかも最近の研究によれば、素材となっている青銅の鉛同位体比の分析▲

によれば、三星堆や新干大洋洲の鉛同位体比は殷王朝中心地のものと共通点が多く、同一の鉱山ないし同一地区産出のものとみなされる、という驚くべき結論がでている。つまり、製作されたものはあれほど違っていながら、中原の殷王朝と南方の諸地域の青銅器は、同じ素材・同じ技法によって製作された、ということなのである。

殷王朝は、南方(とくに嶺南《れいなん》地方)にたいしては、おもに南海の産物や錫《すず》資源を求めて交流したとの説がある。その当否はともかく、戦いによる征服ではなくて、交易によって必要な物資をえていたのではないかとの説は、たしかに出土遺物からはうかがえるところである。

二里頭文化の時期に、中国大陸には中原を中心とした新たな地域間関係の始まりがみられ、「中国」的世界の枠組みがかたちづくられてくる。そして二里岡文化期において、殷王朝は長江中流域、山東南部、山西南部、関中平原東部などに植民的拠点群を形成し、その周囲の在地社会と交流しながら、中原系の文化を広げていった。そこでは青銅器が重要な役割をはたしたであろう。在地社会の統合の道具立てとして利用価値が高かったであろう。在地社会からは、さまざまな資源物産が殷王朝に送られたに違いない。

殷墟文化期にはいると、殷王朝の影響力は各方面で後退する傾向がみられるが、それとあい前後して、長江流域などでは在地社会の成長がみられた。

西周期に入ると、封建によって諸侯国が成立する。土地を求めるという「封建」の本質が、軍事や交易を重視したらしい殷王朝の植民的拠点と異なる点ではなかったかと想像される。二里岡期から殷墟期のあいだに、殷王朝中央の変動によって各地の拠点集落がいっせいに動揺するような状況は、自律して在地への定着が求められた周の諸侯国ではみられない現象である。

中国史上における殷王朝の意義は、じつは相当に巨大であったと考えねばならない。殷のあり方は、中国史の展開にかかわる一つの試みであった。神や祖霊を超越者とすることで人間を相対化する、壮大な試みであったといえようし、あるいは殷がさらに長く続いていたならば、中国史はまた別な様相を示していたかもしれない。

④—戦う西周王朝

西周王朝史の問題

殷《いん》王朝を倒したのは、はるか西方で勢力を蓄えていた周族《しゅう》であった。以後、約二五〇年間、周王朝を頂点とする支配の態勢が続いたとされ、その時代を、西周時代と呼んでいる。この西周王朝は、幽《ゆう》王の死によって滅び、周族の一部が東の洛陽を都としてあらためて王朝が成立する。それ以後の王朝や時代を東周(時代)と呼んでいる(但し、日本では、東周時代というよりも春秋戦国時代ということのほうが一般的である)。西周・東周あわせてほぼ八〇〇年間、周王朝は、実際の国力としては弱体化をたどりながらも、権威としてはまがりなりにも最高の位置に君臨したとされている。

今日われわれが西周と呼んでいる王朝については、『史記』周本紀《ほんぎ》に記述があるが、克殷《こくいん》前後と西周滅亡のあたりが詳しいだけで、はなはだしくは数名の王については即位の記事があるのみというくらいの、極端なアンバランスがみられる。つまりこの時代をとおして、はたしてどのような歴史的展開があったのか、文献からだけではわからないという状況であった。

殷周期の遺跡についての考古学的な発掘が進んだ結果、注目すべきは、殷代の遺物の発見された範囲は西周の遺物の発見された範囲よりも広いということ、発掘された遺跡において殷の文化層の上に西周の文化層が直接載っている場合が必ずしもふつうであるとはかぎらないこと、である。この二点を単純化して極端にいうと、西周は殷を倒したあと、殷の支配領域をそのまま引き継いで支配した、という状況は想定しがたいことになりかねない。

　このように、文献資料や出土資料をとおしてえられる西周王朝の像は、どこか実態のとらえがたい、実在感が希薄ともいわざるをえないものである。それが、たんなる資料上の欠落によるものであるのか、それとも西周王朝それじたいの実際の姿に由来するものであるのか、その点に注意をはらう必要があろう。

　西周時代については、大まかに、前期・中期・後期、という枠組みを考えることができる。王名でいえば、

前期　武《ぶ》王〜昭《しょう》王前後

中期　穆《ぼく》王〜孝《こう》王前後

後期　夷《い》王～幽王前後

という見当になる。この系譜と王名については、前半は史墻盤《ししょうばん》、後半は近年発見された逨《らい》盤という、いずれも青銅器の銘文によって、『史記』周本紀の記事の正確さが確認された。

周の勢力布置

周族が、どのようにその勢力を伸ばし、地盤をかためていったのかについては、初期の遺跡の発掘によって、近年解明が進んでいる。

文献によれば、文王が建設したという豊と、武王が建設したという鎬《こう》の、二つの都市が灃水《ほうすい》という川をはさんで向かい合って存在したことになっている。合わせて、豊鎬と称するその遺跡の総面積は一〇平方キロをこえ、最近多くの成果をえた。灃西の客省荘《きゃくしょうそう》・馬王《ばおう》村一帯では一四基の建築基址群が発見されている。また、張家坡《ちょうかは》付近では、中小墓を中心とした三〇〇〇基以上の墓や墓に附属する車馬坑が発見された。墓群については、大型墓や中型墓を中心に小型の墓が群集するようなまとまりが見出され、そこから、族的集団にもとづく

陝西省張家坡遺跡の車馬坑

西周王朝の系譜

后稷《こうしょく》—不窋《ふちゅつ》—鞠《きく》—公劉《こうりゅう》—慶節《けいせつ》—皇僕《こうぼく》—差弗《さふつ》

—毀隃《きゆ》—公非《こうひ》—高圉《こうぎょ》—亜圉《あぎょ》—公叔祖類《こうしゅくそるい》

—古公亶父《ここうたんぽ》—太伯《たいはく》
　　　　　　—虞仲《ぐちゅう》
　　　　　　—季歴《きれき》—文王《ぶんのう》

—①武王《ぶ》—②成王《せい》—③康王《こう》—④昭王《しょう》—⑤穆王《ぼく》

—⑥共王《きょう》—⑦懿王《い》—⑨夷王《い》—⑩厲王《れい》—(共和)
—⑧孝王《こう》

—⑪宣王《せんのう》—⑫幽王《ゆう》(西周滅)

史墻盤(上)と逨盤(下)

墓地の構成が西周期でも基本であったと推定されている。

一方、現在の陝西《せんせい》省扶風《ふふう》県・岐山県の県境一帯、いわゆる「周原《しゅうげん》」▲の範囲は、文王以前、古公亶父《ここうたんぽ》▲以来の周の中心地であろうと考えられる。このあたりで多数の西周青銅器・墓地・大型建築基址が発見されており、王朝以前に遡る出土遺物も豊富にみられる。ここも重要な発見があいつぎ、岐山県鳳雛村と扶風県召陳《しょうちん》村では大型建築址が発見された。建築の長軸は南北向きでやや西に傾いており、軸がやや東に傾く殷とは違っていて、そこにも周の独自性がみてとれよう。鳳雛の建築址は、殷末周初のころから西周末にいたる長期間使われたといわれ、C14年代として、前一〇九五±九〇年という殷王朝末期の年代がえられている。西周王朝成立後も、鎬京(宗周《そうしゅう》)や洛邑(成周《せいしゅう》)と並んで周原は周の中心拠点の一つでありつづけたと考えられる。こうして関中平原には、王都である鎬京(豊鎬遺跡)と、古公亶父以来の拠点である周原を中心として、周と同姓の姫《き》姓諸侯や、周と密接な関係にあった姜《きょう》姓諸侯▲が管轄する諸邑(集落)が、斉一な文化(西周式土器)とともに広がる西周畿内地域が形成されたと考えられる。

これまで、周については未発見であった王陵墓も、最近ついに発見された。

▼周原　陝西省岐山県から扶風県を中心として広がる台地地形を呈する地域で、北に岐山をひかえ、南は渭水に臨む、海抜九〇〇メートルの地である。古公亶父が多くの民をつれて移住し都城を建設したとされ、のちに豊や鎬が建設されてからも、周の重要な拠点として使われつづけた。岐山県鳳雛村と扶風県召陳村では大型建築址が見つかっており、前者からは字の刻まれた甲骨が見つかっている。

▼古公亶父　殷王朝末期、周族を率いた長。異民族の戎狄(じゅうてき)の侵攻を避けて原住地の豳(ひん)を離れ、一族をつれて周原へと移動。荒れ地を開いて城邑を建て、国としての制度を整えたという。周という国名は周原に由来するという。周の隆盛の基礎を築き、のちには太王と呼ばれる。

それが周公廟遺跡▲である。副葬品は大方盗掘済みであったため、その方面での成果はえられなかったものの、この発見の意味は極めて大きい。

西周王朝の成立と試練

即位一二年目、武王はついに殷討伐の軍を興す。黄河をわたり東進してきた武王の率いる諸侯の軍とそれをむかえ撃つ殷の軍との戦いは、牧野《ぼくや》の戦と呼ばれる。文献では、歩兵四万五〇〇〇人・近衛連隊三〇〇〇人・戦車三〇〇両から成る武王の軍を、紂《ちゅう》王の命により発せられた七〇万の殷軍が待ち受けて戦闘がおこなわれたが（数はもちろん誇張にすぎる）、殷軍は戦意が無くむしろ進んで武王の軍をむかえいれ、敗北を悟った紂王は、玉で飾られた衣をまとい、自ら火のなかで焚死した、という。但し、紂王の死は殷が完全に滅んだことを意味するものではない。周というこの新たに西からやってきた勢力にたいし、かつて殷に服属していた諸勢力も、さらには殷に敵対していた諸勢力もおとなしく従ったとはかぎらない。むしろ、周にとって本当の戦いはここから始まり、そして続いてゆく。

▼**姜姓諸侯**　姜を姓とする人物は、周の重要人物に何人もおり、古公亶父の妃は太姜、武王の妃の邑姜や金文にあらわれる王姜など、周の王族の婚姻関係にあるものとしてあらわれるのが特徴である。周は姫姓であるが、姜姓の人びとと通婚関係にあって、さらに多くの異民族と深い関係を有していたらしい。

▼**周公廟遺跡**　陝西省岐山県の鳳凰山南麓にある遺跡。一〇〇〇以上の西周時代の墓葬が見つかっているが、四本の墓道をもった大墓が一〇座あり、高位の者のための墓地であったと思われる。ただ、ほとんどの墓が埋葬後ほどなく盗掘されているようである。ほかにも大型の建築址や工場址、さらに字の刻まれた甲骨も見つかっている。

周は、殷王朝を倒すという当面の事業を成しとげたあと、殷に取ってかわる存在になろうとした。つぎには、かつて殷の支配下にあった領域への対処にかからねばならない。そこで武王は、まず紂の子の武庚《ぶこう》彔父《ろくほ》に命令し殷の余衆を統治させることとし、さらに武王の弟の管叔鮮《かんしゅくせん》・蔡叔度《さいしゅくど》がその補佐（および監視）役としてついた。一度軍を西へ返した武王は、現在の西安の近く、灃水の東岸に鎬京を建設する。西岸にある文王が建設した豊京とは川をはさんで向かい合うかたちとなり、この両者を合わせ、周にとって重要な拠点がここに形成された。ところが、殷の余衆も含めた東方への備え、支配の拠点をいとなまねばならないこの肝腎なときに、柱である武王が病没してしまう。天下がいまだ安定していないこの試練のときに主導権を握ったのが武王の弟である周公（名は旦《たん》）であった。

周公が最初に直面した困難は、意外にも周にとっては身内を含む勢力の反乱であった。さきに武王が殷の余衆の統治を命じた武庚彔父とその監視役の管叔鮮・蔡叔度とが反乱を起こしたのであり、これを三監《さんかん》の乱という。その原因は、管叔鮮・蔡叔度ら群弟が、周公が王位を奪うのではないかと疑ったからであるという。三年の時間を費やしながらも、ついに周公は乱を鎮圧した。殷を倒した直後の周にとって、これはあらゆる意味で大きな試練であった。当面の殷の余衆対策としてももちろん、今後の支配のあり方の原則を確立する意味からも重大な問題であった。『史記』によれば、成王が成人したので、周公は政を王に返す。武王以来、東方経略の拠点として構想された成周建設に着手することとなる。

　成周は、現在の河南省洛陽におかれた。西周時代の洛邑の中心は、瀍河《てんが》両岸（東西）の一帯にあったと考えられる。その発掘も近年進み、瀍河両岸の邙山《ぼうざん》南麓の龐家溝《ほうかこう》からは西周時代の墓地が見つかっており、そこは周王室と近い関係にあった諸侯・臣下とその一族たちの墓地であると考えられる（南西には平民の墓域とされるものがある）。墓域の南の北窯《ほくよう》村の西では、面積二〇万平方キロという大規模な青銅器製作址が発見されていて、周王朝に属する青銅器工房であったことはまちがいないであろう。瀍河からやや東に離れた一帯で一〇〇基以上の墓が発見され、大部分が、殷文化に特徴的な腰坑《ようこう》▲をもっており、「殷人墓」と称されている。こうした「殷人墓」は、北窯村の青銅器製作址でも三〇〇基

▼**腰坑**　墓主の遺体のちょうど腰の位置に、その下にさらに小さな穴を掘って人やイヌを殉葬している例がある。これをその位置から腰坑という。殷代の墓葬に数多く見られるもので、西周期になると急速に減少する。大型墓では人を殉葬している例もあるが、多くの場合イヌを埋めている。

あまり発見されており、青銅器製作には殷に属していた人びとの存在が不可欠であったことをうかがわせる。

はてしなき戦いの道へ

『史記』によると、成王と康王の時代には、天下はおさまって安らぎ、罪を犯す者とてなく、刑罰は四十余年間も用いられなかったほどであったという。しかし、金文によるならば、成王から康王にかけてのこの時期が平和な時期であったなどとはいえない。康王期の青銅器である小盂鼎《しょううてい》の銘文によれば、周に反抗する鬼方《きほう》なる勢力と、盂の率いる周の軍隊とが戦って、盂は、鬼方の軍を破り、四八〇〇以上の首、一万三〇八一人の捕虜をえ、さらに戦車三〇輛、ウシ三五五頭をはじめとしてウマやヒツジも多数捕獲している。この銘文には、別の戦闘のこともふれられていて、そちらのほうでも盂は二三七人の首とウマ一〇四頭・戦車百余輛を捕獲している。戦いの例はほかにもあり、この時期が平和な時期であったとは考えがたく、むしろ戦いの絶えない時期という印象さえ受ける。これは周が殷を倒した戦いが、決して殷に服していた勢力全般にたいする勝利ではなかったことに由来するものである。各地に分散して存在していた諸勢力は、克殷後も必ずしも周に帰服することに肯んぜず、戦いをいどんで敗れてはダメージを受けながらも、周にたいして根強い抵抗を続けたのであった。成王・康王の時代は、対外的にはこのようにまことに厳しい状況におかれていたのであった。

「封建」

こうした状況と表裏の関係にあると思われるのが、いわゆる「封建▲」である。それは、王室を守る藩屏《はんぺい》たるべく、おもに同姓諸侯を各地へと遣わし、その安定した支配を期待したのであった。

この「封建」については、『春秋《しゅんじゅう》左《さ》氏《し》伝《でん》▲』定公四年に詳細な記事がある。その趣旨は、成王(と周公)により一族から魯公・康叔・唐叔の三人にたいし、王室の藩屏となるべく封建がおこなわれたことをいう。三人に共通しているのは、重要な祭器とともにある人間集団が賜与されていることであり、また、注目すべきは、周の統治法を一元的に設定して押しつけるのではなく、それぞれの地

▼封建　王が一族や功臣を諸侯として土地・人民を分け、祭祀と軍事の権利を与えた制度。血縁のつながりを重視し、宗法制との関連が強い。これは中国的な特色で、契約を基本とするヨーロッパの「封建」とは性質を異にする。

▼『春秋左氏伝』　魯国の年代記である『春秋』はその記述があまりに簡略で意味をとらえにくく、その注釈にあたる「伝」が古くからつくられた。『春秋左氏伝』はその一つで、『左伝』と略称し、『春秋穀梁(こくりょう)伝』『春秋公羊(くよう)伝』と合わせて三伝と称する。とくに事件(物語)の説明において『左氏伝』は詳しいのが特徴である。

をおさめるのにふさわしく現地の習慣などに適応するかたちで支配をおこない、急激な変化によって軋轢《あつれき》が生じないよう配慮しているのである。それは、まだ支配の安定しない周王朝としては当然の措置である。また、殷人や殷に服事していた人びとが「封建」にさいして賜与されており、技能や経験を活かしていわゆるテクノクラートとして活躍を期待されたこともあったと考えられる。一九五四年に江蘇省から出土した宜侯夨簋《ぎこうそくき》▲は、『春秋左氏伝』にみえる封建の記事を裏づけるかのような金文の例として貴重である。

こうした「封建」をも周による支配の地盤固めとみれば、この時期は周の支配がまだ着々と進みつつある時期ということになり、王朝内部の諸問題が表面化する以前として把握することも可能かもしれない。

封建諸侯たち

周によって封建されたとされる諸侯国については、文献にも記載があったが、近年諸侯墓の発掘が進み、多くの知見をえるにいたった。河南省では上村嶺虢《じょうそんれいかく》国《こく》墓地▲、平頂山応国《へいちょうざんおうこく》墓地▲、山西省では天馬《てんま》―曲村《きょくそん》晋国墓地▲、北京市では琉璃河《るりが》

▼宜侯夨簋　江蘇省丹徒県から出土した西周時代前期の青銅器。簋は、穀物を盛り付けるための器で、青銅器では西周時代に多くつくられた。なお、宜の地を出土地である江蘇省丹徒県にあてることには疑問がある。

▼上村嶺虢国墓地　河南省三門峡市上村嶺にある西周時代後期から春秋時代にかけての虢国の墓地。諸侯の一であった虢の君主と貴族の墓葬と車馬坑が発掘された。青銅器などの質の高い副葬品が多数発見されており、車馬坑には車十数両・馬六〇頭以上を埋めた大規模なものもあった。

▼平頂山応国墓地　河南省平頂山市にある西周から春秋時代にかけての遺跡。応国は武王の子が封じられたとされる国で、西周時代の応国墓地では数十基の貴族の墓葬が見つかり、応侯の名のあるものをはじめ多くの青銅器が発掘された。

燕国墓地▲といった重要な発掘があいついで進んでいる。

なかでも、山西省天馬―曲村遺跡は、文献が伝える晋の始封地である可能性が高く、豊富な遺物とともにえられた情報は貴重極まりない。住居址・貯蔵穴・灰坑・井戸などの生活関連の遺構と遺物は遺跡全体に分布しているが、城郭や大型建築址、青銅器などの手工業工房址は未発見である。ここで見つかった西周墓は一〇〇〇基近くにのぼり、北趙《ほくちょう》村晋侯墓地▲と曲村の北側と西側で、貴族・平民層の集団墓地が発掘されている。高い格式をもつ墓は鼎三件簋二件を副葬し、晋国の重臣の墓であろうかと推測される。中小墓出土の青銅器は基本的には西周式だが、当地に特徴的な要素もあり、おそらくかなり多くの青銅器が当地で製作された可能性がある。それだけの規模と格式をもった諸侯のいた地として注目に値しよう。

北趙村晋侯墓地M八出土青銅器に「晋侯蘇《そ》」とあり、晋の第八代の献侯籍《せき》(西周後期。前九世紀末没)のことであろうと考えられる。なお、建国当初に遡れる晋侯墓は見つかっていない。

西周期の諸侯国中、城壁が見つかっているのは北京市琉璃河燕国だけであり、

▼**天馬―曲村晋国墓地**　山西省翼城県・曲沃県にある、西周～春秋時代の晋国の遺跡。一九八〇年代以降に本格的な調査が進み、ここが『史記』晋世家に記す、晋国発祥の地である唐の地である可能性が大きい。

▼**琉璃河燕国墓地**　北京市房山区琉璃河鎮にある、西周時代燕国の都城および墓地の遺跡。不完全ながら城壁跡が残り、その外側を濠が取り囲んでいる。墓道が四隅についた特異な形態の大型墓や、「封建」のことを記した長文の銘文をもつ青銅器など、重要な成果がえられている。

▼**北趙村晋侯墓地**　曲村と天馬村の中間地点にあって、晋侯および夫人の墓や陪葬墓・車馬坑・祭祀坑が見つかっている。西周時代の墓では、八号墓が晋国第八代の献侯の墓であると考えられ、計三五〇字をこえる長文の銘をもつ編鐘や、一〇三頭ものウマを陪葬した車馬坑ともども重要な成果として注目される。

城郭の築造年代は、西周前期に遡る。ここからは、燕侯または夫人の墓と推測される大型墓が三基発見されている。さらに、国君の大墓から士大夫の中型墓、さらには庶民の小型墓がみられ、族的集団墓地を形成していることがみてとれる。なお、遺物や遺構からは、燕の都城内に三つの文化系統の人びとが居住した可能性があるとされ、「封建」にともなう社会的な変化をうかがわせる。

なお、周による封建ではないが、注目すべきは「𢐗《ぎょ》」一族▲の存在である。この一族の墓地が陝西省宝鶏《ほうけい》県で見つかっており、遺物に西周式土器ではなく四川系の十二橋《じゅうにきょう》文化▲の土器を含んでいたことから彼らのはたしていた役割についてつぎのように解されている。すなわち、彼らは、殷末周初から四川方面に展開した十二橋文化に出自した人びとであり、西周王朝は彼らを、秦嶺《しんれい》山脈を往来して関中平原と蜀(四川)とを結ぶ重要な通路上に配置することで、南北間の境界域の安定をはかり、かつ彼らをつうじて四川の秦嶺山脈の物産を入手しようとしたもののようである、と。

▼**「𢐗」一族**　陝西省宝鶏市の茹家荘(じょかそう)・竹園溝(ちくえんこう)・紙坊頭(しぼうとう)に広がる西周時代の墓地の遺跡。この遺跡からは、「𢐗」の銘文をもつ青銅器が多数見つかり、この地にいた集団を称して「𢐗」族(集団)という。

▼**十二橋文化**　殷代末期から西周早期にかけて、三星堆文化を受けて四川省成都方面にあらわれた文化。遺跡は成都方面に集中して遺跡群を形成し、尖った底の土器を特徴とする。この十二橋文化は春秋から戦国へと連なって独特の巴蜀文化を生み出してゆくこととなる。

泥沼のバトルフィールド

西周王朝は、その成立以来、絶えず戦争をおこなってきた。『史記』にはいかにも平和な時代のように書かれている成王から康王にかけての時期にあっても、元殷の勢力下にあった東夷などを相手として戦っていた。康王のあとを継いだ昭王の時期には戦いのおもな相手はむしろ南夷へと変わり、しかも、昭王はその戦いのなかで死んだ、という説まで存在する。

この昭王の時期、南方方面のみにとどまらず、周王朝は拡張政策をとっている。先述の北京琉璃河遺跡や山西の晋侯墓地など、近年発掘が進んでいる西周期の諸侯国の遺跡は、年代的にはこのころかそれ以降にあたるかと思われる。周王朝が対外的な発展に乗り出したのは、昭王からつぎの穆王の時期ということになろう。事実、西周時代の遺跡の分布からみても、後期でいえばその遺跡はほぼ陝西省内、それも扶風県や岐山県周辺に極度に集中しており、外部へ向けて広がるのはおよそこの時期までである。

昭王に続く穆王については、そうした対外的な発展の方針が、彼がはるか西方へでかけ西王母《せいおうぼ》▲なる神に会ってきたというさらに奇妙なかたちの伝説となっ

▼西王母　神話伝説上の人物。『山海経』では豹の尾や虎の歯をもつ恐ろしい怪物として描かれるが、のちには不老長生の絶世の美女の姿であらわされるようになる。

て残っており、その伝説は『穆天子伝《ぼくてんしでん》』▲という本にもなっている。これが荒唐《こうとう》無稽《むけい》な話であることはいうまでもないとしても、穆王が外へと拡張をめざした、そうした動きのなんらかの反映である可能性はあろう。

穆王の後、共王（恭王）が即位する。共王以降、西周王朝の変化・弱体化はたしかに進み、それは夷王・厲《れい》王期にもっとも顕著にあらわれる。一つには、王室と諸侯、あるいは諸侯同士の不和である。諸侯同士の不和が周王をも巻き込み拡大してゆくような場合も起こるようになった。

つぎは、たびかさなる戦争である。この時期の青銅器の銘文によれば、南夷ら異民族は積極的に周にたいして戦いをいどんでいるようであり、昭王・穆王期のような拡張政策への反発だけではなく、周の弱体化を見透かした異民族側からの攻勢ともみられる。なお、金文には南夷・東夷・淮《わい》夷といった名であらわれるこの異民族だが、彼らとの戦いを、前漢の武帝のときの対匈奴戦のような後世の騎馬民族対漢民族（大規模歩兵）の戦闘のようなイメージで描くのはおそらくまちがいである。対異民族戦争に勝利したことを記す金文のなかに戦利品が列挙され、そこには周も用いている戦車がでてくる。同じ武器を用い、同

▼**『穆天子伝』**　『竹書紀年』とともに、三世紀末に古代の墓から出土したとされる本。周の穆王が西征して崑崙山にいたり、西王母に会ったという伝説を記す。

じ戦闘様式をとる、そういう共通文明圏に属する勢力であったとみられる。それゆえにであろうか、周王朝は彼らにたいして仮借ない態度をとる。禹鼎《うてい》という青銅器に記される、異民族の反乱鎮定を命じた周王の言葉に「寿幼《じゅよう》を遺すなかれ」、すなわち「老人も子どもも皆殺しにせよ」とある。なんと激しい言葉であろうか。彼らの行動に周王朝がいかに手を焼いていたかが伝わってくると同時に、周王朝による「力の支配」が感じられよう。

そして、この時期から、特定の権臣の出現がみられるようになる。周初には王自身が政治をおこなわない場合には、例えば周公のような一族の人間がかわって政務を執るということもあった。しかし、西周も後期にさしかかってくると、周の一族ではない有力な人物が要職について(ときには兼務し)勢威をふるう例がでてくる。

こうして西周王朝は、滅亡の道へと転がりだし、のち、加速する。

破断から滅亡へ

『史記』周本紀によると、厲王は暴政をおこなったとされ、国人たちは共同して彼に背き、おそわれた厲王は彘《てい》へと出奔する。前八四一年のことで、以後、「共和」▲の時代となる。なお、この年は、中国史上、実年代を決定できる最初の年であり、その意味でも重要な意味をもつ年である。

　西周王朝期において王がはたしていた役割、その存在意義を考えるうえで、この一五年ほどの王の不在という事態は大変重要である。王の不在は、王朝経営になにか根本的な問題をきたさなかったのであろうか。王がいっさいの権威・権力の頂点に立ち、支配の源であるならば、それは到底考えがたいことである。注目すべきは、周本紀によれば、厲王を追放したのは、諸侯・国人の総意によるものであった、ということである。この期間をとり仕切った共伯和は位を盗みとった僭主《せんしゅ》でもなく、そしてこの行為は彼を首領とする反王朝的行為というわけでもない。諸侯・国人によって秩序は保たれ、周王朝を中心とするその世界はゆらいでいないかの如くである。初期の文王や武王のようなカリスマ的リーダーとしての意味はもはやなく、王朝という「機関」の一部としてはたすべき役割がこなせるならば、それが王である必然性はないということであろうか。

▼共和　共和は特定の人物であり、金文にあらわれる伯和父（〈はくわほ〉あるいは師和父）であるとするのが現在の通説である。『竹書紀年』などの古書にも名はみえているが、この人物については前漢時代にすでに詳細が不明となって、『史記』周本紀も共和とは周公と召公による共同統治（＝共和）であるとしている。

後世に君主を権威づける「天子」の語は西周時代にも用いられており、周王は金文でもしばしば「天子」と呼ばれている。但し、王が「天子」と呼ばれている事例を検証してみると、「天の子」というその語に、特別重大な意味づけを見出すことはできない。宗教的な権威がそれによって賦与されているわけでもなく、王の絶対性を裏づけているものでもないのであって、臣下が王に向かって述べるときなどに使う尊称くらいの役割でしかない。その意味でも、西周の王という存在は、至尊の存在でもなければ、隔絶した力をもった存在でもなかった、とみるべきであろう。

共和の一四年目に厲王が出奔先で死に、厲王の太子が即位した。これが宣王である。宣王の在位期間は大変長く、四六年にもおよび、弱体化した周王朝を立て直した「中興の主」と称される。一方で、失政も指摘されてはいる。宣王期の確かな事実は外征であり、この時期には周からみて西北にいた玁狁《けんいん》▲と呼ばれる勢力が敵となっていることが多い。宣王の長い在位期間中、結局は周辺異民族との争いに明け暮れたのであり、そのための負担が周を圧迫し、必ずしも成果があがらないことが王と諸侯との不和をまねくようになったということで

▼**玁狁**　西周時代に中国の北辺にいた異民族の一つ。侵攻を繰り返して周はその撃退に追われ、西周後期の青銅器である虢季子白盤には、周王の命を受けた虢季子白が玁狁を破って手柄を立てたことが記されている。西周滅亡の原因となった犬戎と同一ともされる。

あろう。

宣王が崩じた後、その子が継いで即位した。これが幽王であり、西周は彼のときに滅ぶ。なお、褒姒《ほうじ》▲という女性にまつわる亡国伝説もあるが、史実かどうかは疑わしい。

長らく続いてきた周辺異民族との戦いは、諸侯の軍の協同なしには不可能であったに相違ないから、重要なのは王・王室と諸侯とが良好な関係にあることである。しかしながら、文献資料によれば、宣王は、従来の慣習を破り諸侯の利を侵害する政策を断行している。こうしたなかで、王室と諸侯、諸侯同士のあいだにさまざまな不和が生じ、さらに周の内部にも対立が生じ、総体的に周の力が弱まっていたのではないであろうか。西周は建国以来ずっと戦いのなかに身をおきつづけ、そのあいだにさまざまな矛盾をかかえ込むこととなり、自壊と諸侯の離反とが同時に進行して、最終的に「東遷」という結果になったといえよう。

西周は、一つの歴史的な試みであった。神を媒介した人間の統合をおこなった殷を倒したあと、人間の縁(絆)を紐帯とした体制をつくりそれによって支配

▼褒姒　幽王の寵愛した褒姒は決して笑顔をみせない女性であった。ある時、異民族の侵入を告げるのろしがあがり、諸侯の軍が急いで駆けつけるが、じつは誤報であった。拍子抜けした諸侯たちのようすを見て、褒姒ははじめて大笑いした。以後、幽王は彼女の笑顔見たさに、異民族の侵入もないのにのろしをあげることを繰り返し、しだいに諸侯はのろしを見ても信用せず駆けつけなくなってしまった。実際に異民族が幽王を攻撃してきたときに、のろしをあげるけれどもこれまでのことにこりて諸侯たちの軍はこない。幽王は驪山の下で殺され、褒姒はとらえられ、周の財宝はことごとく持ち去られてしまった。諸侯は申侯のまわりに集まり、幽王の太子の宜臼を立てた。これが平王である(『史記』周本紀)。

をおこなおうとしたのである。その意味で、その後に続く中国史の支配のあり方のモデル形成の一齣《いっせき》であったといえよう。

孔子が周を讃えて「郁郁乎として文なるかな。我は周に従わん」と述べ、その影響であろうか、後世、周は「文」や「礼」の面で憧憬の対象となるけれども、むしろ周が得意であったのは「武」の面であった。殷を倒しえたのも、その後に敵対勢力と戦いつづけえたのも、周の「武」の優秀性のゆえであった。しかし「武」によっては支配を貫徹することはできなかった。『史記』周本紀は、儒家によってすでに理想化された西周像のみを描こうと努め、こうした周の「武」の面を極力捨象してしまった。その結果、創業と滅亡のさい以外には記事の乏しい、およそ存在感の薄い歴史だけが西周王朝像として残されることとなったのである。その空虚なる西周史が史実とされたことが、古代をつねにモデルとするその後の中国の歴史の形成に負の影響を残したとはいえないであろうか。

以上をとおしてみると、はるか古代から西周時代まで、「中国」をどのようにおさめるかの試行錯誤が続けられてきたということができよう。神を媒介して人を統合しようとした殷、逆に人間相互の縁に重きをおいた西周。このいずれも、勝った者がその信じる方法を適用し、試行したという印象もある。春秋時代以降は、むしろ、「どうすればうまくおさめてゆけるか」を事前に理論的にも即物的（経済や軍事の面）にも考察し、みがきあげてそののちに実行していった、というプロセスとしてみることもできようか。初期王朝時代はそのための材料を提供した、やはり中国史の揺籃《ようらん》の時代であったとして、大きな意味をもっていたのである。

参考文献

飯島武次『中国考古学概論』同成社　二〇〇三年
稲畑耕一郎監修　劉煒編　趙春青・秦文生（後藤健訳）『図説中国文明史1　先史　文明への胎動』創元社　二〇〇六年
稲畑耕一郎監修　劉煒編　尹盛平（荻野友範・崎川隆訳）『図説中国文明史2　殷周　文明の原点』創元社　二〇〇六年
大貫静夫『東北アジアの考古学』同成社　一九九八年
岡村秀典『夏王朝——王権誕生の考古学』講談社　二〇〇三年
岡村秀典『中国古代王権と祭祀』学生社　二〇〇五年
岡村秀典『中国文明　農業と礼制の考古学』京都大学学術出版会　二〇〇八年
小澤正人・谷豊信・西江清高『中国の考古学』同成社　一九九九年
岳南（朱建栄・加藤優子訳）『夏王朝は幻ではなかった——一二〇〇年遡った中国文明史の起源』柏書房　二〇〇五年
甲元眞之『中国新石器時代の生業と文化』中国書店　二〇〇一年
佐藤長『中国古代史論考』朋友書店　二〇〇〇年
蘇秉琦（張明聲訳）『新探　中国文明の起源』言叢社　二〇〇四年
角田文衞・上田正昭監修　初期王権研究委員会編『古代王権の誕生Ⅰ　東アジア編』角川書店　二〇〇三年
鶴間和幸・黄暁芬『世界歴史の旅　中国古代文明』山川出版社　二〇〇六年
中村慎一『稲の考古学』同成社　二〇〇二年

林巳奈夫『中国文明の誕生』吉川弘文館　一九九五年

平勢隆郎『都市国家から中華へ――殷周　春秋戦国』（中国の歴史02）講談社　二〇〇五年

前川和也・岡村秀典編『国家形成の比較研究』学生社　二〇〇五年

松丸道雄・池田温・斯波義信・神田信夫・浜下武志編『世界歴史大系　中国史1　先史～後漢』山川出版社　二〇〇三年

馬渕久夫・富永健編『考古学と化学をむすぶ』東京大学出版会　二〇〇〇年

宮本一夫『神話から歴史へ――神話時代　夏王朝』（中国の歴史01）講談社　二〇〇五年

江西省博物館・上海博物館合編『長江中游青銅王国　江西新淦出土青銅芸術』両木出版社　一九九四年

陝西省文物局・中華世紀壇芸術館編『盛世吉金　陝西宝鶏眉県青銅器窖蔵』北京出版社出版集団・北京出版社　二〇〇三年

『中華人民共和国重大考古発現』編集委員会編『中華人民共和国重大考古発現』文物出版社　一九九九年

中国社会科学院考古研究所編著『二十世紀中国考古大発現』四川大学出版社　二〇〇〇年

中国社会科学院考古研究所編著『中国考古学　夏商巻』中国社会科学出版社　二〇〇三年

中国社会科学院考古研究所編著『中国考古学　両周巻』中国社会科学出版社　二〇〇四年

陳全方主編　周亜・羅忠民副主編『商周文化』学林出版社・上海科技教育出版社　二〇〇八年

陳徳安『三星堆　古蜀王国的聖地』四川人民出版社　二〇〇〇年

劉煒編　趙春青・秦文生『中華文明伝真1　原始社会　東方的曙光』商務印書館　二〇〇四年

劉煒編　尹盛平『中華文明伝真2　商周　神権変革一千年』商務印書館　二〇〇三年

図版出典一覧

『考古』2005 年第 7 期 *40*
江西省博物館・上海博物館合編『長江中游青銅王国　江西新淦出土青銅芸術』両木出版社, 1994 *64*右, *64*左, カバー裏
陝西省文物局・中華世紀壇芸術館編『盛世吉金　陝西宝鶏眉県青銅器窖蔵』北京出版社出版集団・北京出版社, 2003 *71*下
『中華人民共和国重大考古発現』編集委員会編『中華人民共和国重大考古発現』文物出版社, 1999 *14*右, *14*左, *21*上左, *21*中左, *22*, *57*中右, *57*中左, *57*下右, *57*下左
中国社会科学院考古研究所編著『20 世紀中国考古大発現』四川大学出版社, 2000 *13*, *15*, *18*右, *18*左, *21*上右, *21*中右, *23*, *37*, *59*左
中国社会科学院考古研究所編『殷周金文集成釈文』第 1 巻, 香港中文大学中国文化研究所, 2001 *56*
陳全方主編, 周亜・羅忠民副主編『商周文化』学林出版社・上海科技教育出版社, 2008 *58*, *59*右, *70*, *71*中
陳徳安『三星堆　古蜀王国的聖地』四川人民出版社, 2000 *65*右, *65*左
杜金鵬『夏商周考古学研究』科学出版社, 2007 *35*中, *35*下
『文物』1988 年第 3 期 *21*下
解希恭主編『襄汾陶寺遺址研究』科学出版社, 2007 *24*
故宮博物院提供 カバー表
シーピーシー・フォト 扉

世界史リブレット95

中国王朝《ちゅうごくおうちょう》の起源《きげん》を探《さぐ》る

2010年 3 月25日　1版1刷発行
2021年11月30日　1版4刷発行

著者：竹内康浩《たけうちやすひろ》

発行者：野澤武史

装幀者：菊地信義

発行所：株式会社 山川出版社

〒101-0047　東京都千代田区内神田 1 -13-13
電話　03-3293-8131(営業)　8134(編集)
https://www.yamakawa.co.jp/
振替　00120-9-43993

印刷所：明和印刷株式会社

製本所：株式会社 ブロケード

世界史リブレット 第Ⅲ期［全36巻］

〈白ヌキ数字は既刊〉

93 古代エジプト文明――近藤二郎
94 東地中海世界のなかの古代ギリシア――岡田泰介
95 中国王朝の起源を探る――竹内康浩
96 中国道教の展開――横手 裕
97 唐代の国際関係――石見清裕
98 遊牧国家の誕生――林 俊雄
99 モンゴル帝国の覇権と朝鮮半島――森平雅彦
100 ムハンマド時代のアラブ社会――後藤 明
101 イスラーム史のなかの奴隷――清水和裕
102 イスラーム社会の知の伝達――湯川 武
103 スワヒリ都市の盛衰――富永智津子
104 ビザンツの国家と社会――根津由喜夫
105 中世のジェントリと社会――新井由紀夫
106 イタリアの中世都市――亀長洋子
107 十字軍と地中海世界――太田敬子
108 徽州商人と明清中国――中島楽章
109 イエズス会と中国知識人――岡本さえ
110 朝鮮王朝の国家と財政――六反田豊
111 ムガル帝国時代のインド社会――小名康之
112 オスマン帝国治下のアラブ社会――長谷部史彦
113 バルト海帝国――古谷大輔
114 近世ヨーロッパ――近藤和彦
115 ピューリタン革命と複合国家――岩井 淳
116 産業革命――長谷川貴彦
117 ヨーロッパの家族史――姫岡とし子
118 国境地域からみるヨーロッパ史――西山暁義
119 近代都市とアソシエイション――小関 隆
120 ロシアの近代化の試み――吉田 浩
121 アフリカの植民地化と抵抗運動――岡倉登志
122 メキシコ革命――国本伊代
123 未完のフィリピン革命と植民地化――早瀬晋三
124 二十世紀中国の革命と農村――田原史起
125 ベトナム戦争に抗した人々――油井大三郎
126 イラク戦争と変貌する中東世界――保坂修司
127 グローバル・ヒストリー入門――水島 司
128 世界史における時間――佐藤正幸